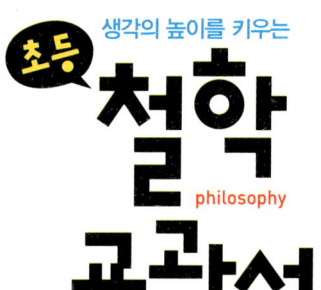

생각의 높이를 키우는 초등 철학 교과서
논리·지식 편
ⓒ임병갑, 2009

초판 1쇄 펴낸 날 | 2009년 5월 15일
초판 4쇄 펴낸 날 | 2018년 12월 20일

지은이 | 임병갑
펴낸이 | 이건복
펴낸곳 | 도서출판 동녘

등록 | 제311-1980-01호 1980년 3월 25일
주소 | (10881) 경기도 파주시 회동길 77-26
전화 | 영업 031-955-3000 편집 031-955-3005 전송 031-955-3009
블로그 | www.dongnyok.com 전자우편 | editor@dongnyok.com

ISBN 978-89-7297-598-2 (73100)
ISBN 978-89-7297-578-8 (세트)

*잘못 만들어진 책은 바꿔드립니다.

생각의 높이를 키우는
초등 철학 교과서
philosophy

임병갑 지음

논리·지식 편

동녘주니어

 책 머 리 에

이 책을 읽는 어린이들에게

　철학을 공부해 본 사람, 철학을 공부해 보지 못한 사람 사이에는 어떤 차이가 있을까요? 만약 아무 차이가 없다면 큰일입니다. 아무짝에도 못 쓸 공부를 한 셈이니까요. 잘 모르겠다고요? 그럼, 선생님이 말할 테니 잘 들어 보세요.

　첫째, 철학을 공부한 사람은 근거(이유)를 캐려는 경향이 있습니다. 어떤 주장이나 지식을 접하면 그저 그런가 보다 하고 넘어가지 않습니다. 질문을 자주 하지요. "왜 그런가요?" 하고. 그런데 남한테 질문을 하기도 하지만 자기 자신한테도 질문을 많이 합니다. 그래서 혼자 공부를 하면서도 "왜 그렇지? 왜지?" 하고 자기 자신한테 질문을 던지고, 또 스스로 대답해 보려고 노력합니다. 그래서 그냥 책에 나오는 대로 외우려고 하지 않지요. 이유와 근거를 잘 알고 나면 외우려고 노력하지 않아도 저절로 외워진다는 것은 다 알고 있지요? 그래서 이런 습관은 공부하는 데 아주 유리하답니다.

　둘째, 철학을 공부한 사람은 다른 사람의 말을 주의 깊게 잘 듣습니다. 왜 그럴까요? 첫 번째 특징과 관련이 있는데요, 다른 사람이 어떤 주장을 할 때 그 주장의 '근거'가 무엇인가를 알아내기 위해서입니다. 가끔 다른 사람이 말할 때 모른 척하거나 잘 듣지 않는 친구가 있지요? 그런 친구는 철학을 공부하지 않았거나 했더라도 엉터리로 공부했을 가능성이 큽니다. 물론 철학을 제대로 공부한 친구는 남의 말을 들을 때만이 아니라 남이 쓴 책을 읽을 때도 아주 주의 깊게 읽습니다.

　셋째, 철학을 공부한 사람은 다른 사람들과의 대화나 토론을 즐거워합니다.

왜냐고요? 대화와 토론은 우리에게 늘 새로운 것을 배울 수 있는 기회가 되거든요. 물론 대화와 토론은 심심할 때 하는 '잡담'이랑은 다르지요. 어떻게 다를까요? 대화와 토론은 주제가 있어야 합니다. 그리고 주장이 있다면 반드시 그에 합당한 근거가 있어야 합니다. 그에 비해 잡담은 정해진 주제 없이 그냥 떠오르는 대로 정답게 이야기하면 되지요. 철학을 공부한 사람은 잡담도 대화와 토론으로 바꿔 버리는 습관이 있답니다. 시간이 아깝기 때문이죠. 그리고 깊은 대화와 토론을 통해서 쌓은 우정은 잡담을 통해서 쌓은 우정에 비해서 더 오래 간답니다.

근거를 캐는 습관, 다른 사람의 말을 경청하는 습관, 대화와 토론을 즐기는 습관. 이 세 가지 습관은 철학을 공부한 사람이 가져야 할 필수 습관입니다. 물론 이런 습관이 있다고 해서 다 철학을 공부한 사람은 아닙니다. 그렇지만 만약 누군가 철학을 공부했다고 하면서 이런 습관이 없다면 그 사람은 철학을 제대로 공부한 사람이 아닙니다.

그런데 이런 습관을 기르기 위해서 꼭 필요한 것이 있습니다. '논리적으로 생각하고 말하는 기술 또는 솜씨'입니다. 여기서 잠깐! '논리적'이라는 말은 무엇을 말할까요? 어떤 사람이 '논리적인 사람'일까요? 간단하게 대답하면 근거나 이유를 꼭 붙여서 말하는 사람입니다. "왜냐하면……" 또는 "그 이유는……" 하고 말을 하는 습관이 있는 사람은 논리적인 사람입니다. "따라서……" "그러므로……"와 같은 표현을 자주 사용하는 사람도 대부분 논리적인 사람입니다.

이 책에서 우리는 우리 삶의 소중한 참된 지식들이 어떻게 만들어지는지 함께 생각해 볼 것입니다. 잘 알겠지만, 참된 지식은 쉽게 얻어지는 것이 아닙니다. 참된 지식을 얻기 위해서는 무엇보다 논리적으로 따지는 습관이 필요합니다. 논리적으로 따져 보지 않으면 '미신'을 지식으로 착각하게 될 위험이 큽니다. 미신은 옛날에만 있었던 것이 아닙니다. 지금도 많은 사람들은 미신을 지식으로 착각하고 있습니다.

이 책에는 슬범이라는 초등학생이 주인공으로 등장합니다. 슬범이는 지식을 둘러싼 많은 질문거리들을 가지고 때로는 가족과, 때로는 친구들과 함께 탐구해 나갑니다. 먼저 슬범이는 '지식과 관찰'에 대해서 생각해 봅니다. 그리고 나서 지식은 어떤 과정을 거쳐서 생기는 것인지에 대해서도 탐구해 봅니다. 또 스무고개 놀이를 통해서 낱말과 개념들이 우리 머릿속에 어떻게 저장되는지 알아봅니다.

그리고 슬범이는 논리에 대해서도 탐구해 봅니다. 논리적이지 않으면 과거의 지식을 배울 수도 없고 새로운 지식을 만들어 낼 수도 없거든요. 그리고 뒷부분에 가면, 슬범이는 '탐정'과 '과학자'가 하는 일의 공통점에 대해서 탐구합니다. 탐정 이야기는 누구나 재미있어 하지요. 그런데 과학자들이 지식을 만들어 내는 과정은 탐정이 수사를 통해 진범을 잡아 내는 과정과 아주 비슷하답니다.

읽어 보면 알겠지만, 슬범이는 궁금증과 호기심이 아주 많은 친구입니다. 그런데 왜 슬범이처럼 궁금증과 호기심이 많은 친구가 이 책의 주인공일까요? 새로운 지식은 슬범이처럼 궁금한 점들을 질문하는 데서 생기기 때문입니다.

　이 책을 읽다 보면 여러분도 점점 슬범이를 닮아갈 거예요. 슬범이처럼 궁금한 것들이 많이 떠오를 것입니다. 그럼, 그 궁금한 것들을 혼자 속으로만 생각하지 마세요. 그러면 슬그머니 기억에서 사라져 버리거든요. 그러니까 슬범이처럼 친구건 가족이건 선생님이건 붙잡고 함께 대화하고 토론해 보세요. 위대한 지식은 모두 다 그렇게 대화와 토론을 통해서 생겨났거든요.

2009년 봄에
임병갑(메타 어린이철학연구소 소장)

차례

책머리에 이 책을 읽는 어린이들에게 • 4

1. 무엇으로 보이나요?
아는 만큼 보이는 거야! • 14
들여다보기 똑같은 것을 사람들은 왜 다르게 볼까? • 18

2. 너, 이게 뭔지 알아?
맥? 천산갑? • 26
들여다보기 경험주의자와 이성주의자 • 31

3. 머릿속을 들여다볼 수 있을까?
스무고개 놀이 • 38
들여다보기 낱말과 개념의 사다리 • 44

4. 포유동물은 없다?
포유동물 찾기 게임 • 52
들여다보기 이름이 있으면 존재하는 걸까? • 58

5. 모든 백조는 정말 다 하얄까?
진짜 대어 • 66
들여다보기 귀납추리의 문제 • 72

6. 모든 사건에는 원인이 있다?
식중독 사건의 원인을 찾아라! • 80
들여다보기 원인을 찾아내는 방법 • 86

차례

7. 너, 그 말 취소해!
파충류는 다 징그럽다? • 94
들여다보기 사람만이 할 수 있는 생각? • 100

8. 어떤 비유가 더 좋을까?
보기 좋은 떡이 맛도 좋다 • 108
들여다보기 적절한 비유와 부적절한 비유 • 114

9. 가설이란 무엇일까?
김별난이 사라졌다! • 124
들여다보기 지식은 가설에서 시작된다! • 130

10. 아직 결론을 내리기는 일러!
내 추측이 딱 맞았어! • 138
들여다보기 가설과 예측 • 142

11. 결정적 증거
명탐정의 조건 • 150
들여다보기 가설 확인을 위한 실험 • 156

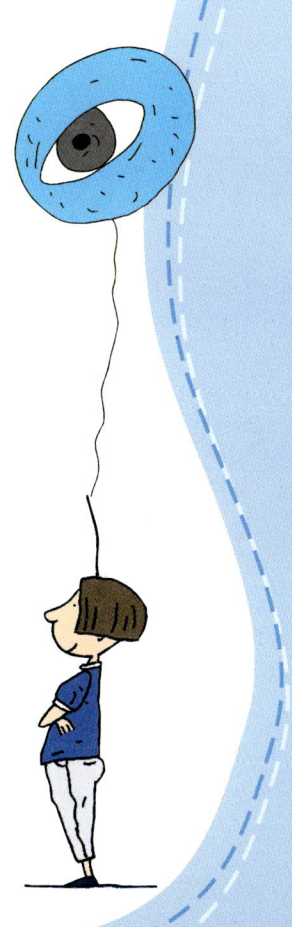

12. 과학에도 반전이 있다!
과학자는 점쟁이가 아니야 • 164
들여다보기 과학적 가설, 비과학적 가설 • 170

부모와 교사를 위한 꼭지별 내용 설명 • 178

돌개구멍

1. 무엇으로 보이나요?

인간은 눈으로만 사물을 보지 않는다.

아는 만큼 보이는 거야!

수업이 끝나고 쉬는 시간이었다. 명석이가 슬범이한테 사진 한 장을 꺼내 보여 주면서 물었다.

"슬범아, 이거 봐. 너 이게 뭔지 아니?"

"그게 뭐야? 사진이야, 그림이야? 꼭 무슨 추상화 같은데."

"추상화? 야, 너 이것도 몰라! 세포 사진이야, 세포!"

얘기를 듣고 슬범이는 사진을 다시 들여다보았다. 정말 세포 사진이었다. 언젠가 과학 잡지에서 비슷한 사진을 본 것 같다. 그런데 슬범이 눈에는 화려한 색깔의 무늬만 보일 뿐 도대체 뭐가 뭔지 구분이 가지 않았다.

"잘 봐, 너. 요거는 말이지……."

명석이가 이건 뭐고 저건 뭐고 하며, 자기가 아는 것들을 주절주절 늘어놓았다. 그러나 슬범이 귀에는 명석이의 말이 하나도 들어오지 않았다. 슬범이는 그저 명석이가 얄밉게만 느껴졌다.

'녀석, 그렇게 잘 알면 처음부터 무엇인지 얘기해 줄 것이지.'

"슬범아, 너 이런 말 들어 봤지? '아는 만큼 보인다.' 그게 바로 이런 걸 두고 하는 얘기야."

화가 난 슬범이는 아무 대꾸도 하지 않고 휙 돌아서서 복도로 나와 버렸다.

'아는 만큼 보인다고? 쳇, 어디서 주워들은 얘기 가지고 뻐기기는……'

복도를 따라 걷던 슬범이의 눈에 복도 벽에 전시해 놓은 암석들의 사진이 들어왔다. 그 전시물은 슬범이가 선생님을 도와 만든 것이었다. 주위에서 흔히 볼 수 있는 돌멩이들도 특징에 따라서 몇 가지로 분류하고, 이름이 있다는 것을 알고 슬범이는 무척 신기해 했었다. 그 순간 슬범이한테 좋은 생각이 떠올랐다.

'아, 맞다! 우리 집에 있는 그 사진! 그래, 그 사진을 가져와 보여 주는 거야! 그리고 똑같이 물어 볼 거야. 이게 무엇인지 아냐고. 그럼, 명석이가 뭐라고 할까? 한참 헤맬걸. 히히히.'

슬범이는 작년 여름에 가족과 함께 가평에 놀러 갔다. 시원한 계곡에서 물놀이를 하면서 슬범이네 가족은 오랜만에 즐거운 시간을 보내고 있었다. 그런데 어떤 아저씨 두 분이 슬범이네가 쳐 놓은 텐트로 다가왔다. 그리고 슬범이네 가족은 아랑곳없이 무언가를 향해 계속 사진을 찍어 댔다. 꼭 범죄 현장을 사진에 담는 수사관들 같았다. 궁금증을 참지 못하고 슬범이가 물었다.

"아저씨, 무엇을 찍으시는 거예요?"

"으응, 돌개구멍이란다."

"돌개구멍요?"

아저씨들 이야기에 슬범이네 가족은 새삼스럽게 주변을 둘러보았다. 그러고 보니 움푹 파인 기묘하게 생긴 자국들이 규칙적으로 계곡 주변에 널려 있었다. 사실 슬범이네가 다른 곳을 놓아두고 이곳에 텐트를 쳤던 이유도 그런 신기한 모습 때문이었다. 그렇지만 그때는 그저 신기하다고만 생각했지, 그 자국이 무슨 특별한 의미가 있을 거라고는 생각하지 못했다.

"이 돌개구멍은 수십, 수백만 년에 걸쳐 만들어진 거야. 거센 물살에 휩쓸린 자갈이나 모래가 빙글빙글 돌면서 돌을 깎아 내서 생긴 거란다. 사람

들이 잘 몰라서 그러는데, 이 돌개구멍은 아주 귀중한 자연유산이야. 자연이 만든 위대한 조각품이지. 이렇게 놀이터로 방치해 두면 안 되는데 걱정이다."

아저씨들의 설명은 그 뒤로도 한참이나 이어졌다. 그러나 지금 슬범이의 기억 속에 남아 있는 것은 별로 없다. 여하튼 그때 슬범이네는 물놀이를 그만두고 사진기를 꺼내 든 채 아저씨들 뒤를 졸졸 따라다녔다. 그리고 아저씨들의 모습을 흉내내면서 열심히 돌개구멍들을 관찰하고 사진도 찍었다. 물놀이 여행이 자연관찰 여행으로 바뀐 것이다.

슬범이 입가에 웃음이 번졌다.
'그래. 먼저 돌개구멍이 무엇인지, 어떻게 만들어졌는지 미리 조사해서 알아 두어야지. 만약에 명석이가 대답을 못하면 내가 멋지게 말해 줄 거야. 참! 끝에 가서 꼭 이 말도 해야지. 너 이런 걸 두고 뭐라고 하는지 알아? 아는 만큼 보인다, 그러는 거야.'

 들여다보기

똑같은 것을 사람들은 왜 다르게 볼까?

 우리는 무엇인가를 관찰할 때 다른 사람도 나와 똑같은 것을 관찰하고 있을 거라고 믿습니다. 왜냐하면 무엇인가를 본다는 것은 눈으로 보는 것이고, 또 눈은 저 사람의 눈이나 내 눈이나 똑같다고 믿기 때문이지요.
 그런데 우리는 사물을 '눈으로' 보기보다는 '생각으로' 보는 경우가 많습니다. 그래서 몇몇 철학자들은 "어떤 대상을 관찰할 때 우리는 반드시 생각을 통해서만 관찰할 수 있다."고 주장합니다. 만약 이 주장이 옳다면 어떻게 되는 걸까요? 잘 아는 것처럼, 우리는 서로 생각이 다릅니다. 그래서 저마다 다른 생각으로 관찰한다면 당연히 서로 다른 것을 관찰할 수밖에 없지요.

관찰자의 지식에 따라 관찰 내용이 달라진다?

 이러한 주장을 뒷받침하는 사례들은 얼마든지 있습니다. 세포를 잘 아는 생물학자가 한 장의 세포 사진을 관찰할 때와 세포를 전혀 모르는 사람이 똑같은 사진을 관찰할 때 과연 두 사람은 똑같은 것을 관찰한다고 말할 수 있을까요? 세포 지식이 풍부한 생물학자는 "이것은 세포핵이고, 이것은 염색체이고……" 하면서 아주 세밀하게 관찰합니다. 그렇지만 세포 지식이 거의 없는 사람은 "아하, 이런 것이 세포구나" 하는 정도의 관찰에 머무르고 맙니다. 다시 말해서 보아도 본 게 거의 없는 셈입니다.

다른 예를 들어 보죠. 병원에 가면 엑스레이 사진을 많이 찍습니다. 가령 폐를 찍은 사진을 두고 전문가인 의사 선생님은 많은 것을 봅니다. 어디에 폐결핵이 있는지, 또 폐암으로 의심되는 부분은 없는지, 꼼꼼히 살펴봅니다. 그렇지만 환자는 그저 '저것이 내 폐의 사진이구나' 하는 정도만 알 뿐, 의사 선생님이 설명해 주지 않으면 자신의 폐가 어떤 상태인지 알 수 없습니다.

> **핸슨(N. R. Hanson, 1924~1967)**
> "우리는 각자가 가진 지식과 상관없이 누구나 똑같은 것을 관찰할 수 없다"고 주장한 철학자 가운데 한 사람입니다. 예를 들어, 두 사람한테 똑같은 사진을 보여 준다고 합시다. 그리고 무엇을 보았는지 묻습니다. 이때 두 사람이 말하는 것은 다를 수 있습니다. 왜냐고요? 두 사람이 지닌 지식이 서로 다르기 때문이죠. 비록 두 사람의 '눈에 비친 모습'은 똑같다고 해도, 지식의 차이 때문에 두 사람이 '관찰한 내용'까지 똑같을 수는 없다는 거죠. 그래서 '그냥 본다는 것'과 '무엇을 본다는 것'은 다를 수 있습니다.

하나만 더 예를 들겠습니다. 이것은 실제로 있었던 일입니다. 경상남도 고성군에 가면 공룡 발자국들이 집단적으로 발견된 유명한 곳이 있습니다. 그곳의 공룡 발자국들은 1억 년 전쯤에 생긴 것으로 보입니다. 당연히 그 지방에 사는 주민들은 누구나 그 발자국들을 보면서 살아왔습니다. 하지만 마을사람 누구도 돌에 새겨진 흔적들이 그저 우연히 생긴 것이라고 생각했지, 공룡 발자국이라고는 전혀 생각하지 못했습니다. 그러다가 공룡 발자국이라는 사실을 알 게 된 것은 그 곳을 찾았던 몇몇 과학자들 때문입니다.

자, 그럼 여기서 여러분이 공룡 발자국이 있는 마을에 사는 주민이라고 가정해 봅시다. 공룡 발자국은 여러분이 태어나기 전부터 그 곳에 있었고, 또 자라면서 수백 번도 넘게 공룡 발자국들을 보아 왔을 것입니다. 그런데도 여러분은 한 번도 공룡 발자국이라고 생각해 본 적이 없습니다. 그러다가 과학자들이 그 곳을 관찰하고, 공룡 발자국이라고 알려 주었습니다. 그래서 여러분은 그 뒤부터 저 돌에 새겨진 흔적이 우연히 생긴 무늬가 아니라 공룡 발자국이라는 것을 알게 됩니다. 그리고 그제서야 여러분은 공룡 발자국을 관찰하게 됩니다.

공룡 발자국이라는 것을 알기 이전의 관찰 그리고 알고 난 뒤의 관찰, 이 두 관찰은 같은 걸까요? 어떻게 보면 둘 다 똑같다고 할 수 있습니다. 공룡 발자국이라는 사실을 알기 전이나 알고 난 뒤나 그 모양이 달라질 리는 없으니까 눈에 비친 모습은 똑같다고 해야겠지요. 그러나 "나는 돌에 움푹 파인 어떤 모습을 보았다"라는 관찰 내용과 "나는 1억 년 전의 공룡 발자국을 보았다"는 관찰 내용은 분명히 다릅니다. 다시 말해서 관찰자가 어떤 지식을 가지고 보는가에 따라서 서로 다른 관찰을 할 수밖에 없다는 것이죠.

관찰자의 지식과 상관없이 눈에 비친 모습은 똑같다?

그런가 하면 반대의 입장을 가진 철학자들도 있습니다. 즉 "어떤 지식을 가지고 있건, 어떤 생각을 하건, 누구에게나 사물과 사건은 똑같이 관찰된다."는 입장입니다. 예를 들어 고래가 포유류라는 사실을 알고 관찰하건, 또는 어류라고 믿고 관찰하건, 고래는 똑같이 고래로 보일 뿐이라는 것입니다. 또 천동설이 맞다고 생각하는 사람이 보건, 지동설이 맞다고 생각하는 사람이 보건, 밤하늘의 별이나 태양이 다르게 보이지는 않는다는 것입니다.

이런 입장을 가진 철학자들에게 다음과 같은 질문을 던진다고 합시다.

"아니, 똑같은 대상을 보고 무엇을 보았냐고 물으면 사람마다 다르게 말하지 않습니까? 그런데 어떻게 우리들이 똑같은 대상을 관찰한다고 말할 수 있습니까?"

그러면 이들 철학자들은 어떻게 대답할까요?

아마 이렇게 대답하겠지요.

"물론 똑같은 것을 보고도 사람들은 서로 다른 이야기를 합니다. 그러나 그렇게 된 까닭은, 저마다 가진 생각, 경험, 이론, 지식, 믿음, 이런 것들이 다르기 때문입니다. 그렇지만 관찰은 감각기관을 사용해서 하는 활동입니다. 그리고 우리들의 감각기관은 누구나 똑같습니다. 따라서 감각기관을 통해 얻어진 관찰, 눈에 비친 모습만을 이야기해 보라고 하면 그때는 서로 다른 이야기를 하지 않을 것입니다."

양쪽의 입장 가운데 어느 쪽이 맞는지 딱 잘라 말하기가 어렵지요. "우리가 알고 있는 지식, 품고 있는 생각에 따라서 사물은 다르게 관찰된다." 또는 "아니다. 그것은 지식과 생각의 차이인 것이지 눈으로 관찰한 내용은 누구한테나 똑같은 것이다." 이 두 가지 입장에서 여러분은 어느 쪽 입장이 옳다고 생각하나요?

생각해 보기

1 여러분이 역사학자와 함께 구석기 시대의 유물을 보았다고 합시다. 두 사람은 똑같은 것을 보았을까요?

2 '아는 만큼 보인다'는 말도 있지만, '백 번 듣는 것보다 한 번 보는 게 낫다'는 말도 있습니다. 두 말이 각각 의미하는 것은 정확히 무엇이며, 서로 어떤 점에서 차이가 있는지 알아봅시다.

3 혹시 여러분이 유치원 시절에 관찰했던 똑같은 사물이나 사건을 지금은 다르게 보고 있는 것이 있나요? 또 '지금 보는 이것을 나중에 부모님 나이가 되어서 본다면 다르게 보일 것이다'라고 생각되는 것이 있나요?

4 여러분이 만약 외계인이 되어서 처음 이 지구를 관찰한다고 합시다. 그리고 여러분이 관찰한 내용을 '관찰 보고서'로 작성해서 본국에 보낸다고 합시다. 여러분은 어떤 것을 관찰하게 될까요? 자유롭게 상상력을 발휘해서 적어 본 다음, 친구들이 쓴 것과 비교하면서 토론해 보세요.

맥

2. 너, 이게 뭔지 알아?

우리는 조금씩 조금씩 이 세상에 대해 알게 됩니다. 그런데 우리는 어떻게 이 세상에 대해서 점점 더 많은 지식을 갖게 될까요?

맥? 천산갑?

"야! 너희들, 이게 무슨 동물인지 아니?"

점심시간에 명석이가 또 한 장의 사진을 들고 와 보여 주면서 아이들에게 물었다. 아이들이 명석이 주변으로 우르르 몰려갔다.

"이게 뭐야? 코끼리처럼 보이는데. 그런데 사고로 코가 잘렸나 봐."

"아니야, 내가 보기에는 멧돼지 같은데. 그런데 멧돼지치고는 코가 너무 길다."

"혹시 돌연변이 코끼리 아닐까?"

"돌연변이 멧돼지야, 내가 보기에는."

"보나마나 합성사진일 거야. 누가 장난삼아 만들어 낸 사진."

"아니야. 내 생각에는 유전자 조작을 통해 새로 만들어 낸 동물 같아."

아이들이 저마다 한 마디씩 하고 있었다. 슬범이도 궁금해서 더 참지 못하고 아이들 무리에 끼었다. 정말 아이들이 하던 말 그대로였다. 코끼리와 멧돼지를 합성해 놓은 것처럼 생긴 동물이 사진 속에 있었다. 아이들의 추측이 재미있다는 듯 지켜보던 명석이가 마침내 입을 열었다.

"후후후! 다 틀렸어. 너희들 처음 봤지? 이게 바로 '맥'이라는 동물이야,

맥! 코끼리랑 멧돼지를 합성해 놓은 것처럼 보이지?"

맥? 이름도 희한했다. 슬범이는 생전 처음 보는 동물이었다. 그런데 그 순간, 어떤 동물의 모습이 슬범이 머리를 스치고 지나갔다.

"잠깐! 나도 신기한 동물 아는 거 있어. 보여 줄까, 너희들?"

슬범이는 아이들을 몰고 선생님이 계신 책상으로 갔다. 막 점심식사를 마친 선생님이 졸음에 겨운 표정으로 슬범이를 바라보셨다.

"선생님, 인터넷에서 검색할 게 있는데 해도 될까요? 잠깐이면 돼요."

선생님의 허락을 받은 슬범이가 컴퓨터를 켜고 이리저리 인터넷을 뒤진 끝에 마침내 원하는 것을 찾아냈다.

"봐, 이거! 너희들, 이게 뭔지 알아?"

"우와! 이건 또 뭐냐? 진짜 희한하다! 도마뱀 종류 같은데."

"개미핥기 종류 아니야? 그런데 꼭 파충류처럼 생겼다."

"아하, 요거! 너희들 이거 처음 봤어? 이게 뭐냐면, 음……."

명석이가 무엇인지 알고 있다는 듯 싱긋 미소를 지었다. 슬범이는 자신도 모르게 침을 꼴깍 삼켰다.

'명석이 이 녀석이 정말 알까? 아냐! 그럴 리 없어.'

슬범이는 긴장한 채 명석이의 잔뜩 오므린 입술을 쳐다보았다.

"그래, 생각났다! 천산갑! 생긴 것은 꼭 도마뱀 같지만 실제로는 포유동물이야."

천산갑. 명석이가 정확히 알아맞혔다. 그런데 이게 뭔가! 찾아낸 것은 슬범이인데, 지식을 뽐낸 것은 명석이었다. 자기는 고작 명석이를 위한 무대만 마련해 주고 말았다고 생각하니 슬범이는 속이 상했다. 그때 의자 뒤로 몸을 짖힌 채 아이들을 지켜보던 선생님이 말씀하셨다.

"보아하니, 너희들 처음 보는 신기한 동물들에 대해서 얘기하고 있구나.

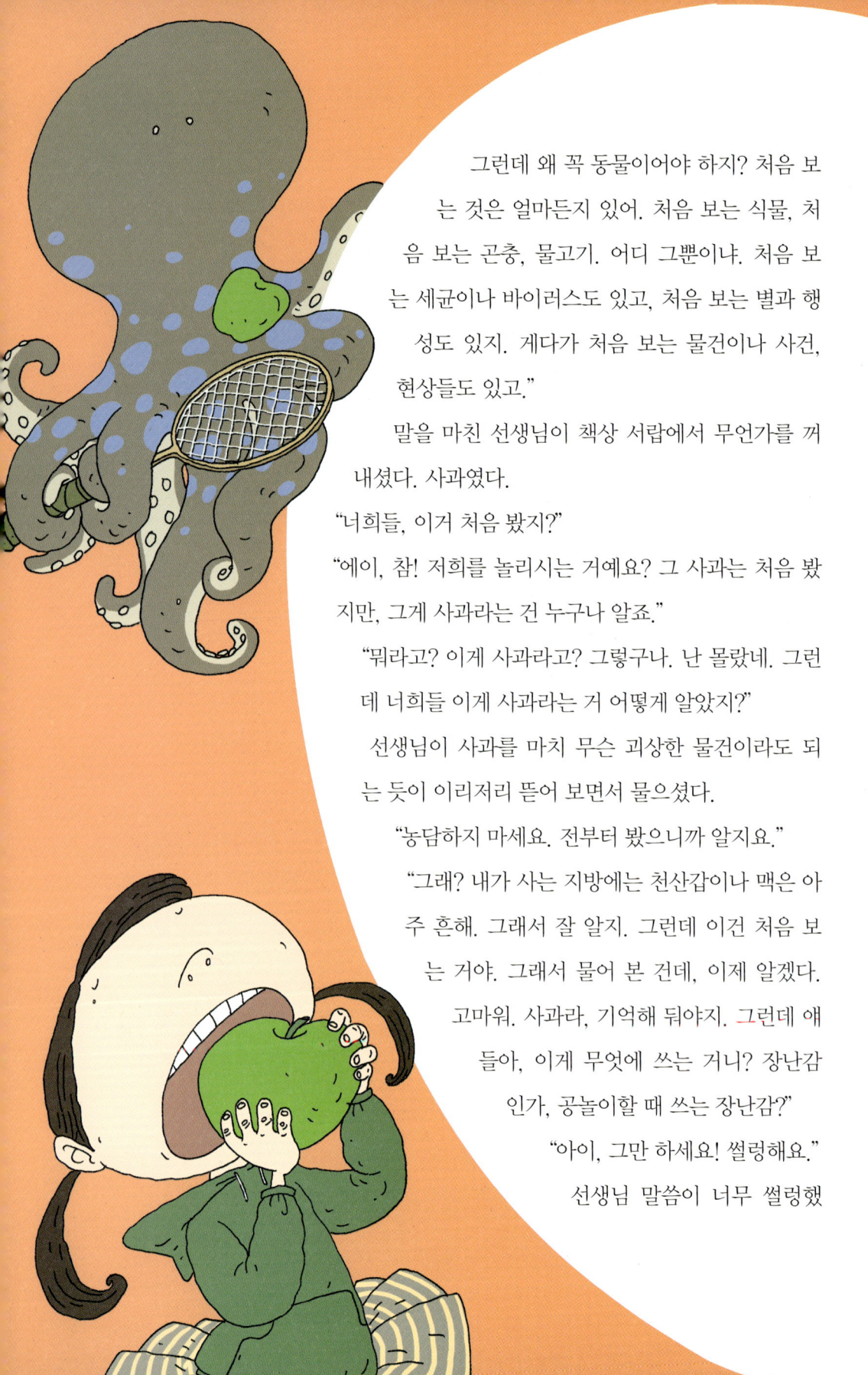

그런데 왜 꼭 동물이어야 하지? 처음 보는 것은 얼마든지 있어. 처음 보는 식물, 처음 보는 곤충, 물고기. 어디 그뿐이냐. 처음 보는 세균이나 바이러스도 있고, 처음 보는 별과 행성도 있지. 게다가 처음 보는 물건이나 사건, 현상들도 있고."

말을 마친 선생님이 책상 서랍에서 무언가를 꺼내셨다. 사과였다.

"너희들, 이거 처음 봤지?"

"에이, 참! 저희를 놀리시는 거예요? 그 사과는 처음 봤지만, 그게 사과라는 건 누구나 알죠."

"뭐라고? 이게 사과라고? 그렇구나. 난 몰랐네. 그런데 너희들 이게 사과라는 거 어떻게 알았지?"

선생님이 사과를 마치 무슨 괴상한 물건이라도 되는 듯이 이리저리 뜯어 보면서 물으셨다.

"농담하지 마세요. 전부터 봤으니까 알지요."

"그래? 내가 사는 지방에는 천산갑이나 맥은 아주 흔해. 그래서 잘 알지. 그런데 이건 처음 보는 거야. 그래서 물어 본 건데, 이제 알겠다. 고마워. 사과라, 기억해 둬야지. 그런데 얘들아, 이게 무엇에 쓰는 거니? 장난감인가, 공놀이할 때 쓰는 장난감?"

"아이, 그만 하세요! 썰렁해요."

선생님 말씀이 너무 썰렁했

는지 아이들이 다시 제자리로 돌아갔다. 슬범이는 선생님 말씀을 곱씹어 보았다.

'맞아. 이 세상에 처음 보는 것들은 얼마든지 많아. 천산갑이나 맥. 그것들은 사실 누군가가 이미 다 봤던 것들이야. 명석이 네가 처음 본 게 아니라고.'

슬범이는 이런 말을 명석이한테 해주고 싶었다. 자리에 앉으려던 슬범이의 머릿속에 갑자기 재미있는 생각이 떠올랐다.

"야! 너희들, 나 좀 봐. 내가 이번에는 진짜 그 누구도 못 본 거, 그러니까 지금 너희들이 이 세상에서 최초로 보는 거 보여 줄게. 어때? 한번 볼래?"

말이 필요 없었다. 아이들의 표정이 슬범이를 재촉했다. 그러나 슬범이는 일부러 뜸을 들였다. 친구들의 시선이 온통 자신에게로 향한 것을 확인한 다음에 슬범이가 천천히 말했다.

"에이, 아깝지만 보여 주자! 잘 봐. 너희들에게만 특별히 보여 주는 거니까."

이 말과 함께 슬범이가 혀를 쑥 내밀었다. 그리고 입 밖으로 내민 혀끝을 위로 바짝 말아 올리더니 자신의 혀 밑을 손가락으로 가리켰다. 아이들은 영문을 모른 채 슬범이의 손이 가리키는 곳을 보았다. 그러나 아이들이 제대로 보기도 전에 슬범이는 혀를 도로 입속으로 쏙 집어 넣었다.

"봤지, 너희들? 내 혀 밑 봤지? 그리고 이거 태어나서 처음 본 거 맞지? 나도 아직 못 봤거든. 어때? 한번 더 보여 줄까?"

아이들이 한꺼번에 '우!' 소리를 내며 슬범이의 등과 머리를 마구 두들겼다.
머리를 싸매고 달아나는 슬범이의 등뒤에 대고 명석이가 한마디했다.
"야, 슬범아! 차라리 네 엉덩이나 한번 보여 줘라!"

 들여다보기

경험주의자와 이성주의자

이야기에 등장하는 친구들처럼 우리는 처음 보는 것에는 매우 강한 호기심을 느낍니다. 하지만 척 보면 바로 이름이 떠오르는 것들, 예를 들어 사과, 자동차, 휴대전화, 피자, 이런 것들에는 별 호기심을 느끼지 않습니다. 너무나 익숙한 것들이기 때문이지요. 그러나 되돌아보면 이런 것들도 과거 그 언젠가 우리가 태어나서 처음 본 것들이었습니다. 태어나기 전부터 이런 것들을 알고 있던 사람은 없습니다.

태어날 때 우리 마음은 백지와 같다?

그렇다면 이것들은 어떤 과정을 통해서 지금처럼 익숙한 것이 되었을까요? 이 물음에 대답하기 위해서는 아주 어린 시절로 돌아가 볼 필요가 있습니다. 여러분이 처음 말을 배우기 시작할 무렵 엄마들은 그림이나 실물을 하나하나 보여 주면서 여러분한테 그 사물의 이름들을 따라 부르게 하셨습니다. 코끼리를 보여 주면서 "코! 끼! 리!", 소방차를 보여 주면서 "소! 방! 차!" 이렇게요. 그럼, 여러분은 초롱초롱한 눈망울로 그림과 엄마의 입 모양을 바라보면서 더듬더듬 열심히 따라 했겠지요? 그리고 조금 자라서는 엄마의 도움 없이도 스스로 사물들을 관찰하고, 그 모습과 이름을 연결해서 하나하나 머릿속에 저장해 왔을 것입니다.

바로 이런 과정을 통해서 지금 여러분이 그 특징과 이름을 척척 말할 수 있게 되었던 거지요. 다시 말해서 '감각을 통한 경험'이 차곡차곡 쌓여서 지금처럼 세상에 대한 지식을 얻은 것입니다. 그런데 감각으로 경험을 얻기 위해서는 우리에게 감각기관이 있어야 합니다. 시각, 청각, 촉각, 후각, 미각과 같은 감각기관이 없다면 세상에 대해 공부할 수가 없지요. 그래서 일부 철학자들은 이렇게 주장합니다. "우리의 모든 지식은 감각을 통한 경험이 만들어 내는 것이다. 과학이나 수학 지식도 그 뿌리는 모두 경험에 있다. 그리고 아무런 경험도 하지 않은 상태의 마음, 가령 갓 태어난 아기의 마음은 하얀 백지와 같다." 하얀 백지 위에 처음 본 사물이 흔적(인상)을 남기고, 또 자꾸 보다 보면 그 흔적(인상)이 더욱 뚜렷해져서 그 사물을 쉽게 알아보고 다른 것들과 구분해 낸다는 것이죠.

태어날 때부터 우리 마음속에는 이성이 들어 있다?

그러나 이런 경험주의자들의 주장에 반대하는 철학자들도 많습니다. 이들의 주장에 따르면, 우리는 하얀 백지 상태의 마음을 가지고 태어나지 않습니다. 우리는 태어날 때부터 지식을 만들어 낼 수 있는 장치를 마음속에 갖추고 태어납니다. 어떤 장치냐고요? 감각기관을 통해 들어오는 자료들을 분류하고 정돈할 수 있는 장치지요. 이렇게 감각 자료를 분류하고 정돈하는 선천적 장치를 보통 '오성' 또는 '이성'이라고 부릅니다. 그리고 우리가 신뢰할 만한 지식을 만들어 낼 수 있는 것은 감각 자료의 덕분이라기보다는 '이성'이라는 장치 덕분이라고 믿는 철학자들을 가리켜 '이성주의자'라고 부릅니다.

그런데 '이성'이란 무엇일까요? 여러분도 사람들이 '이성'이란 낱말을 쓰는 것을 종종 들어 봤을 것입니다. "인간은 이성을 지닌 동물이다.", "이성을 잃지 마라.", "이성적으로 판단해라." 등등. 이런 말들을 가만히 생각해 보면, 이성이란 대충 '논리적으로 따질 수 있는 능력' 또는 '추리 능력'을 뜻한다고 할 수 있습니다. 이성주의자들은 만약 이성이라는 장치가 없다면 우리 마음은 감각 경험들이 뒤죽박죽 되어 엉망이 될 것이라고 주장합니다. 여러분은 어떻게 생각하나요?

> **경험주의자**
> "인간이 지식을 만들어 낼 수 있는 것은 감각을 통해 얻는 경험 덕분이고, 따라서 경험이 지식을 만들어 내는 데 가장 중요하다."고 주장하는 철학자들입니다. 이들 중에서 가장 유명한 철학자들은 '영국의 경험주의자'들입니다. 경험주의자들은 갓 태어난 인간의 마음은 백지와 같다고 봅니다. 이 백지 상태의 마음에 우리의 감각을 통해 들어온 인상들이 흔적을 남기고, 또 이 흔적 가운데 비슷한 특징을 가진 것끼리 모이게 되면서 그것에 대한 생각이 형성된다는 것이지요. 이렇게 하나하나의 생각들이 차곡차곡 쌓이면서 세상에 대한 지식들도 만들어진다고 주장합니다.

경험은 지식을 요리하는 재료, 이성은 요리사

경험과 이성, 어느 한쪽만이 아니라 둘 다 있어야 지식을 만들어 낼 수 있다고 주장하는 철학자가 있는데, 그 철학자의 이름은 칸트입니다. 여기서 '지식'을 하나의 요리에 비유해 봅시다. 그러면 경험은 '요리 재료'라고 할 수 있습니다. 그리고 이성은 '요리사'이고요. 좋은 요리를 만들려면 좋은 요리 재료만 있어서도 안 되고, 좋은 요리사만 있어서도 안 되죠. 좋은 요리 재료와 좋은 요리사가 있어야 좋은 요리가 만들어질 수 있습니다.

따라서 지식도 마찬가지지요. 경험을 아무리 많이 해도 논리적으로 경험을 잘 정리하지 못하면 지식을 만들어 낼 수 없습니다. 반대로 경험 없이 논리적으로 따지기만 해도 좋은 지식을 만들어 낼 수 없지요.

 생각해 보기

1 우리에게 있는 오감(시각, 청각, 미각, 후각, 촉각) 가운데 하나가 능력을 잃었다고 해봅시다. 그럼, 어떻게 될까요? 그리고 만약 모든 감각기관이 없다면 어떻게 될까요? 그래도 지식을 만들어 낼 수 있을까요?

2 침팬지와 사람을 비교해 봅시다. 침팬지는 과학적 지식을 만들어 내지 못하는데, 사람은 만들어 낼 수 있습니다. 왜 이러한 차이가 생기는 것일까요? 감각을 통한 경험이 많거나 적기 때문일까요? 아니면 지능의 차이 때문일까요? 만약 지능의 차이 때문이라면 지능이라는 것은 무엇일까요? 지능과 이성은 어떤 관계가 있을까요?

3 지식을 만들어 내는 데 경험과 이성, 어느 쪽이 더 중요할까요? 아니면 둘 다 중요할까요? 다음에 나오는 지식을 예로 들어서 생각해 봅시다.

- 물고기는 아가미로 숨을 쉰다.
- 고래는 포유동물이다.
- 삼각형은 내각의 합이 180°이다.
- 7 + 5 = 12
- 우리나라에서 가장 긴 강은 한강이다.
- 신라가 삼국을 통일했다.
- 대한민국은 민주주의 국가이다.

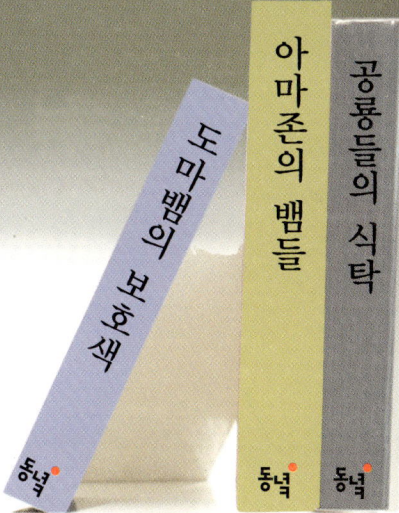

3. 머릿속을 들여다볼 수 있을까?

힌트를 줄 테니 어떤 책인지 알아맞혀 보세요. "이 책은 파충류에 대한 책입니다."
"이 동물은 현재 멸종 되었습니다." 알아냈나요? 어떻게 알아냈죠?

스무고개 놀이

슬범이는 명석이가 자기 집에 놀러가자는 것도 뿌리치고 곧장 집으로 향했다. 오늘 작은 이모가 오신다고 했기 때문이다. 슬범이는 이모가 오실 때마다 늘 마음이 들뜬다. 그 이유를 엄마는 잘 아신다. 이모가 오셨다 가실 때면 슬범이 손에 꼭 용돈 얼마를 쥐어 주시기 때문이라는 것을.

문을 열고 들어서니 낯선 신발 한 켤레가 눈에 띄었다. 작고 앙증맞은 운동화, 바로 초등학교 1학년인 사촌동생 원범이의 신발이었다.

"엄마, 저 왔어요!"

"그래, 어서 와."

목소리를 듣고 원범이가 먼저 후다닥 뛰쳐나와 슬범이 품에 안겼다.

"형아!"

"안녕! 잘 지냈어? 너, 이제 학교 다니지?"

"응."

"진짜 많이 컸네. 근데 엄마, 이모는요?"

"응, 책 좀 살게 있다고 서점에 갔어. 곧 올 거야."

"형, 우리 게임하자. 응?"

"안 돼요! 원범아, 이제 형아 게임 딱 끊었다. 형은 이제 게임 같은 건 하래도 안 한대. 그렇지, 슬범아?"

"아, 예……, 그런데 저는 그렇다 해도, 원범이마저 못하게 하는 건 좀 심하지 않아요? 오랜만에 온 귀한 손님인데, 안 그러냐?"

원범이가 대답할 틈도 없이 엄마가 원범이의 어깨를 다정하게 감싸 안고 말씀하셨다.

"아냐! 우리 원범이는 게임보다 책 읽는 걸 더 좋아한대. 원범아, 맞지?"

"네……."

원범이가 기어드는 목소리로 말했다. 어쩔 수 없이 슬범이는 원범이와 함께 터덜터덜 자기 방으로 들어왔다.

"형, 우리 컴퓨터게임 대신 말로 하는 게임하자."

"말로 하는 게임? 무슨 게임?"

"스무고개 놀이!"

"네가 스무고개를 알아? 그래, 좋아. 너부터 문제 내 봐."

"나 먼저? 음, 잠깐 생각 좀 하고……. 됐다! 맞혀 봐."

"살아 있는 거니? 생물이야?"

"생물이냐고? 생물 아냐. 동물이야."

"뭐라고? 생물이 아니고 동물이라고? 푸하핫하…… 으하하하."

"어? 왜 웃어?"

"야, 생물이 아닌데 어떻게 동물이 되냐! 동물은 생물의 한 종류란 말이야. 그러니까 동물이면 당연히 생물도 되는 거야. 으이그, 그것도 모르냐!"

"알았어! 그거 말고 또 물어 봐."

원범이는 무척 자존심이 상한 표정이었다.

"동물이라고 했지……. 그럼 포유동물이냐?"

"포유동물? 그게 뭔데?"

"으아, 미치겠네! 포유동물도 몰라? 새끼 낳아서 젖 먹여서 기르는 동물 말이야."

거듭되는 슬범이의 웃음이 원범이한테는 비웃음으로 느껴진 듯했다. 원범가 화를 내며 말했다.

"새끼 낳아서 젖 먹여서 길러? 형, 그럼 우리 엄마도 포유동물이겠네?"

"뭐? 그, 그렇지 뭐. 포유동물이지."

"말도 안 돼. 우리 엄마가 동물이라고? 그럼 형아도 동물이고, 큰 이모, 큰 이모부도 다 동물이란 말이야?"

"동물의 한 종류지. 그냥 동물은 아니고 생각하는 동물."

"말도 안 돼! 어떻게 사람이 동물이야!"
"야, 야! 안 되겠다. 이제 내가 생각할 테니까 네가 맞혀 봐. 잠깐 생각 좀 하고……. 됐어!"
"이 방에 있는 거야?"
"아니, 이 방에 없는 거야."
"동물이지?"
"맞았어. 동물이야."
"그럼, 토끼?"
"아니."
"그럼, 고양이?"

"아, 짜증나! 원범아, 잠깐! 너 그런 식으로 하면 못 맞혀. 스무고개가 아니라 백고개까지 가겠다. 분류를 해서 대답을 해야지. 그런 식으로 막 떠오르는 대로 말하면 안 돼. 스무고개 놀이는……."

그때였다. 엄마가 고구마를 먹으라고 부르셨다. 슬범이는 원범이와 함께 식탁으로 달려갔다. 김이 모락모락 나는 고구마가 정말 맛있어 보였다.

"슬범아, 원범이랑 스무고개를 하려면 잘 좀 가르쳐 주면서 해야지."

원범이가 딱해 보였는지 엄마가 슬범이를 보며 말씀하셨다.

"어떻게요?"

"원범이는 아직 생물이니 무생물이니, 또 동물이니 포유동물이니, 뭐 그런 것들을 잘 모르잖아. 머릿속에 개념이 안 잡혀 있으니까. 그러니까 스무고개 놀이할 때 순서대로 따져 가면서 답을 찾지 못해. 스무고개를 제대로 하려면 개념들이 마치 사다리처럼 순서대로 머릿속에 정리가 되어 있어야 하거든."

"네, 맞아요! 원범이 얘는 완전 무개념이에요, 무개념! 그치, 원범아?"

슬범이가 짓궂은 표정으로 원범이를 쳐다보았다. 약이 오른 원범이가 슬범이에게 톡 쏘아붙였다.

"아냐! 나도 알아. 나도 개념 있어!"

"어쭈! 개념이 뭔데? 알면 말해 봐."

"하여튼 알아. 형이 먼저 말해 봐!"

"뭐? 으흠. 어, 개념이라는 건 말이야, 어……, 그러니까……."

그때였다. 서점에 가셨던 이모가 들어오셨다.

"야, 이모다! 어서 오세요."

"그래, 우리 슬범이 많이 컸구나. 아이고, 근데 서점에서 한참을 헤맸더니 허리가 다 아프네."

슬범이는 이모가 식탁 위에 올려놓은 책 제목을 보았다. 《베란다를 꽃밭으로 만드는 법》이라는 책이었다.

"서점에 갔는데 말이다, 주인이 책을 제대로 분류하지 않고 마구 꽂아 놓아서, 이 책 한 권 찾는 데 30분은 걸린 것 같다."

이모의 말씀을 듣는 순간, 슬범이 머리에 번쩍 하고 불이 켜졌다.

"그 서점 주인이 스무고개를 잘 못하나 보네요. 그치요, 엄마?"

엄마와 슬범이는 비밀스런 웃음을 몰래 주고받았다.

낱말과 개념의 사다리

누구나 자라면서 스무고개 놀이를 해본 경험이 있을 것입니다. 스무고개 놀이가 언제, 어디서부터 시작되어서 널리 퍼졌는지 참 궁금합니다. 어쨌든 한 가지 분명한 것은 왜 그런 스무고개 놀이를 했는지, 그 이유입니다. 이유가 무엇일까요? 재미있기 때문이기도 하지만, 스무고개 놀이를 하면서 자연스럽게 중요한 점을 깨달을 수 있기 때문입니다. 그럼, 우리는 스무고개 놀이를 통해서 어떤 것을 깨달을 수 있을까요?

스무고개 놀이에서 배우는 분류의 중요성

우리는 이 세상에 존재하는 것들을 늘 분류합니다. 왜 사람들은 분류에 많은 시간과 정성을 들일까요? 존재하는 것들을 잘 분류해 두지 않으면 세상이 온통 뒤죽박죽이 되기 때문입니다. 그리고 세상이 뒤죽박죽이 되면 살아가기가 너무 힘들어집니다. 생각해 보세요. 만약 여러분이 컴퓨터에 문서나 사진을 저장한다고 합시다. 그런데 잘 분류를 해놓지 않고 아무렇게나 저장해 두면 어떻게 되지요? 나중에 문서나 사진이 필요할 때 찾느라고 애를 먹을 것입니다. 어쩌면 영영 못 찾을지도 모르죠. 그리고 도서관에 가 보세요. 만약 큰 도서관의 책들이 기준에 따라 분류되어 있지 않다면, 필요한 책을 찾느라

한 달이 걸릴지, 일 년이 걸릴지 알 수 없습니다. 정말 끔찍한 일이죠. 그뿐인가요. 약국이나 백화점, 박물관, 모두 마찬가지입니다.

멀리 갈 것 없이 우리 집을 둘러봅시다. 먼저 주방을 보세요. 그릇이나 주방기구, 양념 따위들이 잘 분류되어 있지요. 이번에는 냉장고 문을 열고 안을 보세요. 역시 음식들이 종류별로 잘 분류되어 있지요. 그리고 신발장과 옷장 속도 종류별로 가지런히 분류가 되어 있을 거예요. 여러분 방은 어떤가요? 아니라고요? 그럼 보나마나 여러분은 부모님께 많은 잔소리를 들었을 게 분명하군요.

> **스무고개 놀이의 원리**
>
> 스무고개는 스무 가지 질문을 통해서 상대방의 마음속에 있는 사물을 알아맞히는 놀이입니다. 이것이 가능한 이유는 간단합니다. 바로 우리 마음속에 사물을 분류해서 저장해 놓기 때문입니다. 만약 분류해서 저장해 놓지 않는다면 스무고개를 통해서 정답을 알아맞히는 것은 거의 불가능합니다. 마치 뒤죽박죽으로 책을 꽂아 놓은 대형 도서관에서 내가 원하는 책 한 권을 찾아내기 어려운 것과 마찬가지지요.

생각 속을 들여다보는 방법

자, 이제는 우리의 생각 속을 둘러볼 차례입니다. 생각 속을 어떻게 들여다보냐고요? 네, 맞아요. 우리 뇌를 첨단기계로 찍으면 희뿌옇게 수많은 핏줄은 보여도, 생각은 보이지 않거든요. 그럼, 우리 생각을 들여다보는 것은 영영 불가능할까요? 아닙니다. 방법이 있습니다.

자, 여러분, 여기에 주머니가 있다고 합시다. 그 속에 무엇이 들어 있는지 우리는 눈으로 들여다볼 수 없습니다. 그럼, 주머니 속에 무엇이 들어 있는지 결코 알 수 없을까요? 아니죠. 손으로 만져 보거나 흔들어서 소리를 잘 들어 보면 짐작은 할 수 있습니다. 같은 방법으로 우리는 생각 속을 들여다볼 수 있습니다. 바로 말을 시켜 보거나 행동을 관찰하는 것입니다. 친구의 마음속이 어떤지 우리는 친구랑 이야기를 해보거나 함께 놀아 보면 대충은 알 수 있잖아요.

아까 슬범이랑 원범이가 했던 스무고개 놀이를 떠올려 보세요. 슬범이와 다르게 원범이는 '동물이 생물의 한 종류'라는 것을 모르고 있습니다. 여기서 슬범이와 원범이의 생각 속이 다르다는 것을 알 수 있습니다. 그림으로 그리면 대강 다음과 같다고 할 수 있습니다.

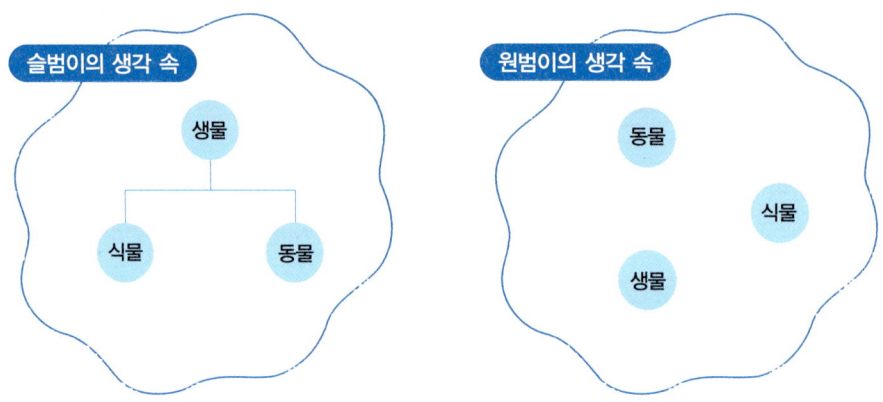

왼쪽이 슬범이의 생각 속이라면, 오른쪽은 원범이의 생각 속입니다. 슬범이의 경우는 '생물의 여러 종류 가운데 하나로 식물이 있고 동물이 있다'는 생각을 하고 있습니다. 그래서 슬범이는 '식물이나 동물은 모두 생물에 포함된다'는 것과 '무엇이 동물이면 그건 당연히 생물이다'는 것을 잘 압니다. 그렇지만 원범이의 경우는 서로 어떤 관계를 갖는지 나타나 있지 않습니다. 바로 이런 차이 때문에 이야기에서처럼 원범이는 스무고개에 서툰 것이지요.

이와 같이 우리의 생각 속에는 수많은 것들의 이름(또는 개념)이 그냥 마구잡이로 저장되어 있지 않고, 마치 컴퓨터 파일처럼 질서 있게 분류되어 있습니다. 그리고 스무고개 놀이는 바로 '생각 속에 있는 사물들의 이름이 얼마나 질서 있게 저장되어 있는가'를 알아보는 놀이라고 할 수 있습니다.

만약 사물들의 이름(개념)이 생각 속에 뒤죽박죽 저장되어 있다면 어떤 일이 생길까요? 상상해 봅시다. 슬범이가 햄버거 먹는 모습을 보고 아빠가 말씀하셨어요.

"슬범아, 패스트푸드는 될 수 있으면 먹지 마라."

"알았어요. 앞으로는 패스트푸드 안 먹고 햄버거만 먹을게요."

어떤가요? 황당하지요. 햄버거도 패스트푸드 식품에 들어가니까요. 여러분은 절대로 이런 일은 없겠지요?

1 원범이가 스무고개 놀이를 잘 하려면 어떻게 해야 할까요? 원범이가 여러 분 앞에 있다고 상상하고 말해 보세요.

2 이 세상 모든 것을 다 분류할 수 있을까요? 혹시 분류하기 힘든 것도 있을까요? 어떤 것들이 있는지 예를 들어 보세요.

3 한 번 분류된 것은 나중에 재분류할 수 있을까요? 옛날에 고래는 '어류'로 분류되었지만 지금은 '포유동물'로 분류됩니다. 이와 비슷한 예가 또 있는지 찾아봅시다.

4 여러분의 집에 있는 컴퓨터 안에 가족의 파일들이 잘 분류되어 있나요? 만약 그렇지 않다면 어떻게 분류하면 좋을지 가족과 함께 상의해 보세요.

4. 포유동물은 없다?

사람들은 당연히 포유동물이 있다고 생각합니다. 그런데 포유동물을 그려 보라고 하면 그릴 수 있나요? 늑대, 토끼, 이런 거 말고 그냥 포유동물이요.

포유동물 찾기 게임

슬범이는 원범이와 이모, 그리고 엄마랑 넷이서 동물원에 갔다. 그리고 엄마랑 이모, 슬범이와 원범이, 이렇게 두 조로 나누어 동물원을 둘러보기로 했다. 말하자면 어른 조, 아이 조로 나뉜 셈이다.

그런데 원범이는 역시 1학년다웠다. 보이는 것마다 신기한 듯 소리쳤다.

"형아, 저기 좀 봐, 저기! 기린이야, 기린!"

"형아, 저것 봐, 사자야, 사자!"

"우와! 하마다, 하마! 형, 입 진짜 크지?"

한 손을 원범이한테 붙잡힌 채로 슬범이도 동물들을 차례차례 둘러보았다.

그렇지만 슬범이는 동물들한테는 별로 관심이 없었다. 동물들보다는 자꾸 놀이시설 쪽에 눈길이 갔다.

"원범아, 저것 봐. 저게 바이킹이라는 건데, 우리 저것 태워 달라고 하자. 어때, 좋지?"

말이 떨어지기가 무섭게 원범이가 이모한테 쪼르르 달려갔다. 그러나 되돌아온 말은 실망스러웠다.

"나는 아직 어려서 못 탄대. 엄마가 그러는데, 나는 저거 타면 토한대. 이

따가 형이랑 범퍼카나 타래."

'휴우, 오늘은 할 수 없이 나도 1학년처럼 놀아야겠구나.'

이렇게 생각하니 슬범이의 마음이 오히려 홀가분해졌다. 그리고 오랜만에 보는 동물들의 모습도 흥미로웠다.

문득 어제 스무고개 놀이하던 생각이 났다. '포유동물이 동물의 한 종류'라는 것을 몰라서 고개를 갸웃거리던 원범이의 표정도 떠올랐다. 슬범이의 머릿속이 갑자기 분주해졌다.

'만약에 원범이한테 이 동물원에서 포유동물이 어디 있나 찾아보라고 하면 어떨까? 그러면 보나마나 굉장히 헤맬 거야. 히히히! 그런데 나중에 엄마랑 이모한테 혼나지 않을까? 아냐! 이건 원범이한테 교육적 효과도 있어. 그러니까 괜찮아.'

슬범이는 바로 실험에 들어갔다.

"원범아, 너 말이야. '포유동물'이 뭔지 잘 모른다고 했지? 내 말 잘 들어. 이 동물원 안에 어제 우리가 얘기한 '포유동물'이 있대. 한번 '포유동물'이 어디 있는지 찾아보자. 어때? 둘 중에 먼저 찾아내는 사람한테 아이스크림 사주기. 그러니까 '포유동물 찾기 게임'이지. 할래?"

"좋아! 근데 형, 그게 어떻게 생겼는데?"

"새끼를 낳고 젖을 먹여서 기르는 동물이야. 힌트는 이것뿐이야. 잘 찾아봐. 정신 바짝 차리고!"

그런데 원범이한테는 이것이 장난이 아니었다. 게임이라는 말 때문인지 원범이는 눈에 불을 켜고 포유동물을 찾기 시작했다. 자기가 아는 동물들은 쓱 보고는 그냥 지나쳐 버렸다. 왜냐하면 침팬지, 호랑이, 기린, 얼룩말, 캥거루처럼 자기가 이미 아는 동물들은 원범이가 보기엔 결코 '포유동물'이 아니었기 때문이다. 그러니까 원범이한테 '포유동물은 이런 동물들과는 따로 존재

하는' 또 하나의 동물이었던 것이다!

그때였다. 늑대처럼 생긴 동물이 우리 한쪽 구석에서 새끼한테 젖을 먹이는 모습이 눈에 띄었다. 이 모습을 놓칠 리 없는 원범이가 소리쳤다.

"저거다, 저거! 새끼한테 젖을 먹이잖아. 형, 저거 포유동물 맞지?"

뭐라고 해야 하나…… 슬범이는 잠시 망설이다가 대답했다.

"아냐. 저것은 포유동물이 아니야. 잘 봐. 저것은 늑대야. 저건 포유동물이 아니라 '시베리아늑대'라는 동물이야."

원범이가 힘없이 고개를 끄덕였다. 순간 슬범이는 자기가 어린 동생을 너무 놀리는 게 아닐까 하는 생각이 들었다. 하지만 다시 속으로 되뇌었다. '교육적 효과!'

이렇게 동물들을 관찰하며 다닌 지 한 시간 정도 지났을 때, 원범이가 지친 표정으로 터덜터덜 슬범이 쪽으로 걸어왔다.

"형아, 여기에 포유동물 진짜 있어? 형이 봤어?"

"내가 직접 본 것은 아냐. 있다는 말만 들었지. 혹시 다른 동물원으로 이사 갔나? 이상하네."

"힌트가 너무 부족해. 어떻게 생겼는지 알아야 찾지. 형, 혹시 포유동물 사진 있어?"

슬범이는 대답할 말이 없었다. 아니 차라리 사실대로 이렇게 말하고 싶었다. '원범아, 포유동물은 따로 있는 게 아니야. 포유동물은 개, 돼지, 사자 같은 동물들을 함께 묶어서 부를 때 쓰는 이름이야.'

그때 뒤에서 엄마랑 이모가 부르는 소리가 들렸다.

"얘들아, 이리 와! 팝콘 먹자."

원범이가 후다닥 달려가 팝콘을 한입 가득 쓸어 넣고 물었다.

"엄마, 형이랑 나랑 '포유동물 찾기 게임' 했어. 근데 못 찾겠어. 엄마가 대신 좀 찾아줘."
"야, 그건 반칙이야! 자기 힘으로 찾아야지."
원범이의 말에 슬범이가 놀라 소리쳤다.
"슬범아, 무슨 소리야? 포유동물 찾기 게임이라니?"
"아, 원범이가 포유동물이 뭔지 모르더라고요. 그래서 제가 교육 좀 시키려고요."
"그래? 그런데 우리 원범이, 포유동물 아직 못 찾았어?"
"응, 아까 젖을 먹이는 동물이 있어서 '저거!'라고 했더니, 형아가 아니래. 그건 시베리아늑대래."
"후후, 원범아, 그럼 네가 이겼다. 그거 포유동물 맞아. 그리고 여기는 포유동물이 엄청나게 많아. 어쨌건 네가 형아보다 먼저 찾았어!"
이모가 활짝 웃으며 원범이의 머리를 쓰다듬어 주셨다.
"정말? 와아!"
원범이가 좋아라 하며 펄쩍펄쩍 뛰었다.
"아냐! 너도 못 찾고 나도 못 찾았어! 그러니까 이 게임은 비겼어. 안 그래요, 이모? 그건 시베리아늑대지, 포유동물이 아니라고요. '포유동물'이라는 건 그냥 이름이잖아요. 살아 있는 동물이 아니라고요. 그러니까 이 동물원 안에 '포유동물'은 없어요. 우리 생각 속에만 있지."
"그냥 이름일 뿐이라고? 슬범아, 무슨 말인지 설명 좀 해줄래? 이모는 잘 모르겠는걸."
이모가 눈을 동그랗게 뜨며 물었다.
"그러니까 제 말은 사자, 곰, 호랑이, 이런 동물들이 가진 공통점을 찾아내서 사람들이 포유동물! 이렇게 이름을 붙였다는 거죠. 등뼈가 있는 공통점을 가진 동물들을 묶어서 척추동물! 이렇게 이름 붙이듯이."

"알겠다. 그러니까 네 말은, 분류하기 쉽게 사람들이 그렇게 이름을 붙인 거지, 원래 그런 동물은 없다, 이거구나. 그렇다면 슬범아, '시베리아늑대'라는 말도 사람들이 공통점을 지닌 늑대들한테 붙인 이름 아닐까? 그렇다면 '시베리아늑대, 개과 동물, 포유동물, 척추동물', 다 마찬가지 아닐까?"

"네에? 그건 다르죠. 시베리아늑대는…… 다르죠. 왜냐하면 ……."

슬범이는 혼란스러웠다. 이모 말씀이 맞는 것 같았다. '시베리아늑대.' 이 말도 결국 사람들이 분류하기 위해 지어낸 이름이 아닌가. 슬범이의 표정을 살피더니 이모가 한 마디 더 붙이셨다.

"슬범이 네 말대로라면, '개'도 없어. 그치? 그냥 흰둥이, 누렁이, 검둥이, 옆집 개, 이런 하나하나의 개만 있을 뿐이지. '개'라는 것은 그냥 이름일 뿐이야. 어디 그뿐이냐. '사람'도 없어. 그냥 슬범이, 원범이, 이렇게 각각의 사람들만 존재하는 것이지."

슬범이는 잠시 당황했지만 자기의 주장을 끝까지 밀고 나가기로 했다.

"맞아요! '개'도 없고 '사람'도 없어요. 이 세상에 있는 것은 낱낱의 것들뿐이에요. 나머지는 전부 사람들이 지어내서 붙여 준 이름이죠. '포유동물'도 생각 속에만 있는 거고, 여기 동물원에는 없어요. 그러니까 원범이도 나도 못 찾았고, 이 '포유동물 찾기 게임'은 비긴 거예요."

---

* 이 이야기의 기본 생각은 매튜 리프먼(Matthew Lipman) 박사가 지은 《픽시(Pixie)》라는 철학 교과서에서 얻었습니다.

 들여다보기

이름이 있으면 존재하는 걸까?

여러분은 '포유동물 찾기 게임'에서 누가 이겼다고 생각하나요? 원범이가 이겼다고 생각하나요? 아니면 '둘 다 포유동물을 못 찾았기 때문에' 슬범이의 주장처럼 서로 비겼다고 생각하나요?

먼저 원범이가 이겼다고 생각하는 친구의 주장을 들어 봅시다.

"원범이가 시베리아늑대를 보고 포유동물이라고 한 것은 옳다. 왜냐하면 우리 안에 있던 그 시베리아늑대는 '포유동물'의 일종이면서 '개과 동물'이고, 또 '늑대'의 일종이면서 '시베리아늑대' 중 하나니까."

이 책을 읽는 대부분의 친구들은 이렇게 생각할 것입니다. 슬범이가 지기 싫어서 억지를 부린다고 말이지요.

우리는 왜 '이름'을 붙일까?

그렇지만 슬범이 편을 드는 친구들도 있을지 몰라요. 이렇게 말하면서요.

"시베리아늑대 한 마리를 가리켜서 '저것이 포유동물이다'라고 말하는 건 잘못이다. '저것은 포유동물의 예 중의 하나이다'라고 말하면 몰라도. 왜냐하면 '포유동물'은 세상에 '실제로 있는' 게 아니고 단지 '생각 속에만' 있는 존재이기 때문이다. 슬범이가 말한 대로 '포유동물'이란 공통점을 지닌 동물들을 묶어서 부르기 위해 사람들이 지어낸 '이름'일 뿐이다. 그래서 이 '포유동물'은 볼 수도, 만질 수도 없다. 그런데 어떻게 '이름'이 동물원 우리 속에 있을 수 있나!"

그런데 이야기 속에서 슬범이 이모가 했던 이 말 기억하나요?

"만약에 '포유동물'이 단지 이름일 뿐이라면, '개'나 '사람'도 그저 이름일 뿐이다. 따라서 이 세상에는 '개'나 '사람'도 없다. '개'나 '사람'도 우리 생각 속에만 있을 뿐이다."

이 말이 무슨 뜻인지 이해가 가나요? 여기서 다시 설명해 볼게요.

우리들은 매일 개를 본다고 생각하지만, 사실 우리가 보는 개들은 자기만의 특징들을 지닌 이렇게 생기고 저렇게 생긴 낱낱의 존재들입니다. 다시 말해 '개'의 예들입니다. 즉 '개'는 이렇게 저렇게 생긴 것들의 공통점을 가리키는 '이름'입니다. 그러니까 우리는 '개'를 보거나 만질 수는 없고 '개의 예들' 하나하나를 보거나 만질 수 있는 것이지요.

'사람'도 마찬가지입니다. '사람'은 김칠수, 박만수, 이렇게 한 명 한 명의 사람들을 모두 묶어서 부를 때 쓰는 '이름'입니다. 그러므로 우리가 매일 만나는 사람들은 '사람'이 아니라, 그냥 '사람의 예들'입니다. 억지처럼 들린다고요?

머릿속의 '개'와 실제로 보는 '개'

그런데 이런 주장을 하는 철학자들은 아주 오래 전부터 있었고, 지금도 많답니다. 그 철학자들은 곰곰이 생각한 끝에 이런 주장을 했어요. 이번에는 직접 철학자 아저씨의 말을 들어 보세요.

> **우리가 '이름' 붙인 것들은 다 존재할까?**
> 여러분 모두 '잡초'라는 낱말을 들어 봤을 겁니다. 잘 모르는 풀들을 하나로 묶어서 '잡초'라고 부르곤 하죠. 그런데 생각해 보면 실제로 '잡초'라는 풀은 존재하지 않습니다. '잡초'라는 낱말은 그저 사람들이 구별하기 편하게 지어낸 '이름'일 뿐입니다. 특징에 따라서 모든 풀을 하나하나 다 구별할 수 있는 사람한테 '잡초'는 존재하지 않습니다. '애완동물', '포유동물', '곤충', '바이러스' 등도 이렇게 생각하면 마찬가지가 되겠지요.

"세상에 존재하는 것은 다 개별적인 것들뿐이다. 우리는 이런 것들 중에서 공통점을 지닌 것들을 하나로 묶어서 '이름'을 붙인다. 그러면 왜 '이름'을 붙이는가? 만약에 '개'라는 이름이 없다고 해보자. 그럼 내가 기르는 '검둥이'가 아닌 다른 개들은 뭐라고 부를 것인가? 처음 보는 개들, 나랑 아무 상관 없는 개들은 뭐라고 부를 것인가? 바로 이럴 때 '개'라는 이름(낱말)이 필요하다. 그래서 '오늘 학교 가다가 개를 봤어요.' '집에 오는데 어떤 개가 나한테 멍멍 짖었어요.' 이런 식으로 말할 수 있는 것이다. 어쨌든 '개'라는 '이름'은 우리가 필요해서 지어낸 것이지, 실제로 '개'가 이 세상에 존재하지는 않는다. 그런데 사람들이 이런 이름들을 오랫동안 사용하다 보니까 습관이 되어서 그런 것들이 정말 세상에 존재하는 것처럼 믿고 있다."

어떤가요? 아직도 억지처럼 들리나요? 그럼, 이번에는 다른 예를 들어 봅시다. 누군가 여러분을 가리키면서 '포유동물'이라고 하면 어떤 기분이 들까요? 아마 어떤 친구는 기분 나빠하면서 아니라고 부정할지도 모릅니다. 그런데 시베리아늑대를 '포유동물'이라고 하는 것과 여러분 중 한 사람을 '포유동물'이라고 하는 것이 뭐가 다르죠?

동물을 분류하는 학자들은 인간을 '포유동물'의 한 예로 봅니다. 인간은 '동물 중에서 척추동물이고, 그 중에서 또 포유동물이고, 그 중에서 또 영장류이고, 그 중에서도 '인간'으로 분류됩니다. 그러니까 시베리아늑대를 가리켜 '포유동물'이라고 하는 것이나 여러분을 가리켜 '포유동물'이라고 하는 것이나 차이가 없는 거죠. 다 분류를 위해서 공통점을 찾아서 '포유동물'이라고 부르는 거니까요.

따라서 원범이가 게임에서 이겼다고 생각하는 친구라면, 누군가 자기를 가리켜 '포유동물'이라고 말해도 인정해야 합니다. 심지어 누가 자기를 가리켜 '척추동물' 또는 '영장류'라고 해도 고개를 끄덕여야 합니다. 혹시라도 "야! 그건 그냥 분류하기 위해 만들어 낸 이름일 뿐이야! 내가 어떻게 척추동물, 포유동물, 영장류야!" 이렇게 항의하면 안 되는 것이죠.

 생각해 보기

1 여러분에게 '포유동물 중의 한 종류'가 아니라, 그냥 '포유동물'을 그리라고 하면 그릴 수 있나요? 그릴 수 없다면 왜 그런가요? 그릴 수 있다면 어떻게 하면 될까요?

2 여러분은 앞의 이야기에 나오는 '포유동물 찾기 게임'에서 누가 이겼다고 생각하나요? 그리고 그 이유를 말해 보세요.

3 만약 분류하는 데 필요한 이름들이 없다고 해봅시다. 그러면 어떤 일이 벌어질까요?

4 만약 사람에게 분류할 수 있는 능력이 없다고 해봅시다. 그래도 생각하는 능력을 발휘할 수 있을까요? 지식을 만들어 낼 수 있을까요? 그럴 수 없다면 왜 그럴까요?

5. 모든 백조는 정말 다 하얄까?

"모든 백조는 하얗다." "모든 까마귀는 검다." 이 주장들은 '참'인가요? 참이라고 믿는다면 근거가 뭘까요?

진짜 대어

슬범이네 가족이 모처럼 낚시를 갔다. 엄마와 슬범이는 내키지 않았지만 아빠가 워낙 보채셨기 때문에 져 주는 마음으로 따라 나섰다. 아빠는 집을 나서면서 슬범이한테 큰소리를 치셨다.

"아빠가 팔뚝만한 놈을 하나 낚을 거다. 어제 꿈자리가 아주 좋았거든. 하하하……."

졸린 눈을 비비고 새벽에 출발해서 도착한 낚시터. 이미 꽤 많은 사람들이 자리를 잡은 상태였다. 그런데 아무리 둘러봐도 슬범이 또래의 아이들은 한 명도 눈에 띄지 않았다. 아빠는 저수지 주변을 한참 둘러보시더니, 마치 보물이라도 발견한 것처럼 소리치셨다.

"저기다! 바로 저 자리! 흐흐흐. 다행히 아직 비어 있네. 저기서 지난번에 아빠가 월척을 낚았거든. 너도 기억나지? 아빠 팔뚝보다 더 굵은 놈이었던 거."

아빠는 오른팔을 들어 '아자'를 외치셨다. 아빠가 지난번에 잡았다는 물고기를 슬범이도 보았다. 그런데 슬범이의 기억으로는 팔뚝 크기가 아니라 손바닥 크기였다. 그 물고기는 아빠의 기억 속에서 지금도 계속 자라고 있는 모양이었다.

"붕어라는 놈들은 말이야, 이렇게 수초가 우거진 곳 근처에서 놀아요. 말하자면 여기가 붕어 놀이터인 셈이지. 여기에 낚싯대를 드리운 다음에 느긋하게 기다리면? 게임 끝이다, 이거지!"

해가 하늘 한가운데 자리를 잡았다. 이따금 여기저기서 낚싯대를 잡아채는 모습이 눈에 들어왔다. 펄떡거리는 물고기의 비늘이 햇빛에 반사되어 눈부셨다. 그런데 슬범이네만 무거운 침묵이 감돌았다. 아빠는 초조한 기색으로 찌만 뚫어져라 노려보셨다. 엄마는 낚싯대는 거들떠보지 않고 집에서 들고 온 소설책을 읽고 계셨다. 슬범이는 심심한 데다 잠도 부족해서 연거푸 하품을 해댔다. 흘깃 두 사람을 보고 나서 아빠가 한 말씀 하셨다.

"슬범아, 낚시는 기다림을 배우는 스포츠야."

"아빠, 우리 자리를 옮겨 보면 어떨까요? 저쪽은 벌써 열 마리는 잡았나 봐요. 아무래도 우리가 자리를 잘못 잡은 거 같아요."

"아니야! 붕어는 이렇게 수초가 우거진 곳을 좋아해."

"그런데 왜 우리만 못 잡아요?"

"어? 그건 뭐……, 그럴 때도 있는 거야. 좀 참고 기다려 봐. 아빠의 판단이 틀림없으니까."

엄마가 읽던 책을 덮고 두 사람 얘기에 끼어드셨다.

"여보, 왜 꼭 수초가 우거진 곳에서 붕어가 잘 잡힌다고 믿는 거죠?"

"지금까지 늘 그랬으니까."

"여보, 난 당신이 장래가 촉망되는 낚시꾼이라는 거 믿어요. 그렇지만 아직은 초보 낚시꾼이라는 거 스스로 인정하죠? 그런 당신이 과거에 몇 번 수초 근처에서 고기가 잘 잡혔던 경험이 있다고 해서 앞으로도 반드시 또 그럴 거라고 믿는다는 건 좀 위험하지 않아요? 그러지 말고 내 생각인데, 저기 저 할아버지한테 여쭤 보면 어때요? 어떤 자리가 좋은지. 저 분은 물고기를 끌어올리느라 아주 바쁘시네요."

"아, 됐어요! 좀 참고 기다립시다."

그렇게 한 시간쯤 더 흘렀다. 그러나 소식이 없기는 마찬가지였다. 턱을 고인 채 수면을 응시하던 엄마가 불쑥 슬범이한테 질문을 던지셨다.

"슬범아, 너 '모든 나무는 물에 뜬다'는 말에 대해 어떻게 생각해?"

"맞는 말이죠. 물에 안 뜨는 나무는 없으니까."

"틀렸어! 흑단나무는 물에 가라앉는단다."

"그래요? 몰랐네……."

"그럼 '모든 금속은 단단하다'는?"

"맞는 말이잖아요. 엄마, 단단하지 않은 금속도 있어요?"

"있지! 너 수은 알지? 수은은 액체처럼 흐르잖아. 그런데 금속이거든."

"엄마, 나도 생각났어요. '모든 스포츠는 재미있다' 이 말에 대해서 어떻게 생각하세요?"

슬범이랑 엄마는 아빠의 눈치를 보며 소곤소곤 이야기를 나눴다. 그런데 갑자기 아빠가 자리를 박차고 일어나셨다. 그리곤 아까 엄마가 말했던 할아버지 쪽으로 가셨다. 아빠가 할아버지께 고개를 숙여 인사를 하더니, 무슨 말인가를 건네셨다. 거리가 멀어서 잘 들리지는 않았지만 두 분이 어떤 얘기를 나눌지 뻔했다. 궁금한 건 결론이었다. 그렇게 몇 분이 흘렀고, 아빠가 다시 일어서서 이쪽으로 걸어오셨다.

"저 분이 그러는데, 지금은 저수지에 물이 부족해서 수초 근처보다는 좀 깊은 쪽으로 멀리 낚싯대를 던져야 한대."

"그럼, 자리를 옮기는 거예요, 아빠?"

"아무래도 그게 좋겠어. 저분이 자기 자리에서 해도 괜찮대. 이제 그만하고 집에 가실 거래."

자리를 옮기자마자 슬범이네는 먼저 라면으로 늦은 점심을 먹었다. 그러고 나서 또 두세 시간쯤 흘렀다. 하지만 소식이 없기는 마찬가지였다. 인내심이 바닥나셨는지, 아빠가 계속 이런저런 혼잣말을 하셨다.

"낚싯대에 문제가 있나?"

"아님 미끼가 잘못된 건가?"

"시간대를 잘못 맞췄나?"

심지어 이런 말씀까지 하셨다.

"이놈의 붕어들이 사람을 차별하나?"

돌아오는 차 안에서 엄마는 처음부터 기대도 하지 않았다는 듯 차분한 표정이었다. 그러나 슬범이는 달랐다. 친구들한테 낚시 간다고 떠들썩하게 자랑을 해 놓은 터였다.

'만약 월요일에 친구들이 물으면, 도대체 뭐라고 말하지? 그래도 가문의 명예가 있지, 한 마리도 못 잡았다고 말할 수야 없잖아…….'

하지만 슬범이는 속마음을 드러낼 수가 없었다. 아빠의 실망한 표정이 너무나 뚜렷했기 때문이다.

이를 눈치챈 엄마가 다정하게 말씀하셨다.

"여보, 너무 실망하지 말아요. 그까짓 팔뚝만한 붕어는 못 낚았지만, 오늘 우린 진짜 대어를 낚았으니까."

진짜 대어라는 말에 슬범이가 끼어들었다.

"대어요? 아니, 엄마! 우리가 뭘 낚았어요? 피라미도 못 낚았는데."

엄마는 여전히 어두운 얼굴을 하고 계신 아빠 쪽을 바라보며 대답하셨다.

"뭘 낚았냐고? 깨달음을 낚았지! 과거의 경험만 가지고 앞으로도 반드시 또 그럴 거라고 철석같이 믿으면 위험하다! 이런 교훈을 낚았잖아. 어차피 붕어는 잡으면 놓아줄 거지만, 오늘 배운 이 교훈이 너한테는 평생 갈 거야. 그러니까 진짜 대어를 낚은 거지 뭐."

그래도 아빠의 얼굴 한구석은 여전히 배신감으로 일그러져 있었다. 슬범이는 그런 아빠를 보며 곰곰이 생각했다.

'무엇에 대한 배신감일까? 물고기에 대한 배신감? 아니면 과거의 경험들에 대한 배신감일까?'

아빠가 아무 말 않고 있기가 어색했는지 라디오를 켜셨다.

 들여다보기

귀납추리의 문제

슬범이 아빠가 얼마나 실망했을지 상상이 가나요? 여러분도 비슷한 경험이 있었다면, 충분히 공감이 갈 거예요. 예를 들어서, 내일이 체험학습을 가는 날이라고 해봐요. 그런데 오늘 주룩주룩 비가 오는 거예요. 잔뜩 기대에 차서 기다리던 행사였는데, 여러분은 속이 상하겠지요? 그런데 문득 이런 생각이 들었어요. '비가 온 다음날은 언제나 맑게 갠다.' 그래서 여러분은 겨우 안심을 했어요. 하지만 이런 기대를 배반하고, 다음날도 계속 비가 왔다면? 정말 실망스럽겠지요. 슬범이 아빠도 비슷한 기분이었을 것입니다. 수초 근처에서 붕어가 낚였던 몇 번의 경험 때문에 '모든 붕어는 수초 근처에서 논다'고 굳게 믿었건만, 결과는 어땠나요? 한 마리도 못 잡았잖아요.

과거의 경험이 다 맞는 건 아니다

우리는 항상 과거의 경험을 가지고 앞으로의 일을 예측하면서 삽니다. 가령 지금까지 금속들에 자석을 갖다 대니까 모두 자석에 달라붙었다고 합시다.

1번 금속이 자석에 달라붙었다.

2번 금속도, 3번 금속도, 4번 금속도…… 달라붙었다.

지금까지 금속들은 모두 자석에 달라붙었다.

따라서 "모든 금속은 자석에 달라붙는다."

그런데 과거에 내가 했던 경험들과 맞지 않는 일이 종종 있습니다. 그래서 과거의 경험들이 반드시 맞을 거라고 믿어 버리면 위험합니다. 다시 말해 자석에 달라붙지 않는 금속도 나타날 수 있다는 거지요. 실제로 알루미늄이나 구리 같은 금속은 자석에 달라붙지 않습니다.

어떤 일에 관한 경험들을 묶어서, "모든 ~은 ~(이)다"라고 말하는 것을 두고 '일반화'한다고 부릅니다. 예를 들어, 그 동안 나무들이 물에 뜨는 걸 보았다고, "모든 나무는 물에 뜬다"고 말하거나 생각하는 걸 '일반화한다'고 합니다. 그런데 사람들은 그 동안의 관찰 사례들을 잘 살피지 않고 성급하게 일반화할 때가 많습니다. 예를 들어서, 누가 "모든 새는 하늘을 난다"고 여러분한테 말한다면? 그렇죠! 금방 '타조, 펭귄'이 떠오를 거예요. 만약 '타조나 펭귄은 하늘을 날지 못하는' 걸 알면서도, 누군가 이런 일반화를 했다면? 네, '성급한 일반화'를 한 것입니다. 다음은 '성급한 일반화'일 가능성이 있는 문장들입니다. 친구들과 한번 잘 따져 보세요.

모든 짬뽕은 맵다.

모든 대도시에는 지하철이 있다.

모든 자전거는 바퀴가 두 개이다.

모든 고양이는 쥐를 잘 잡는다.

모든 피자는 둥그렇다.

모든 거짓말은 나쁘다.

모든 유럽인은 백인이다.

모든 호텔주방장은 남자이다.

'성급한 일반화'와 '성급하지 않은 일반화'

그런데 실제로 이야기를 주고받을 때는 위에 나온 예문들처럼 "모든 ~은 ~(이)다"의 형식을 사용하지 않습니다. 예를 들어서 "모든 짬뽕은 맵다." 이렇게 말하지 않습니다. 그 대신 이런 식으로 말할 때가 많죠.

"아유, 짬뽕은 다 매워."

"짬뽕은 늘 매워."

"짬뽕은 원래 매운 거야."

어때요? 훨씬 친근하게 들릴 것입니다. 친근하게 들린다는 것은 그만큼 우리가 생활 속에서 자주 '성급한 일반화'를 한다는 것을 의미합니다.

그런데 '성급한 일반화'는 문제가 많지만, '성급하지 않은 일반화'는 우리들이 살아가는 데 꼭 필요합니다. "모든 오렌지는 달다"라는 성급한 일반화는 피해야 하지만, 그렇다고 해서 "지금까지 내가 먹어 본 대부분의 오렌지는 달았다"라는 조심스런 일반화까지 안 할 수는 없습니다. 왜냐하면 우리들이 가진 지식의 많은 부분이 이런 일반화를 통해서 얻어지거든요. 예를 들어 볼까요?

모든 포유동물은 허파로 숨을 쉰다.

모든 독수리는 육식동물이다.

모든 생명체는 세포로 이루어져 있다.

모든 고혈압 환자에게 트랜스지방은 해롭다.

이런 식으로 일반화를 하지 않고서는 살아가는 데 꼭 필요한 지식을 얻어낼 수 없거든요. 요약하면, 일반화는 반드시 필요하되 성급한 일반화는 하지 않도록 조심해야 한다는 것이지요.

그럼, 성급하지 않은 일반화를 하기 위해서는 어떻게 해야 할까요? 충분한 사례들을 다 늘어놓은 다음에 일반화를 해야 합니다. 먼저 자신이 경험한 사례들을 기억 속에서 빠짐없이 늘어놓아야 하겠지요. 그 다음에는 다른 사람들이 경험한 사례들이 어땠는지도 잘 알아봐야지요. 자신의 경험만을 가지고 일반화를 하면 사례들이 부족하니까요.

어떤 칠면조의 비극

어떤 농장 주인이 칠면조를 길렀습니다. 주인은 매일 정해진 시간에 칠면조에게 모이를 주었지요. 주인의 정성스런 보살핌에 칠면조는 무럭무럭 자랐고, 그렇게 여름과 가을이 지나고 겨울이 왔습니다. 칠면조는 이제 다 커서 살이 포동포동하고 윤기가 흘렀어요. 크리스마스 전날 아침, 칠면조는 습관적으로 주인을 기다렸지요. 기대한 대로 주인은 제시간에 나타났지만, 어찌 된 일인지 주인의 손에는 모이통 대신 칼이 쥐어져 있었습니다. 그날 저녁 농장에서는 떠들썩한 칠면조 파티가 열렸답니다.

1 '성급한 일반화'와 '성급하지 않은 일반화'의 예를 찾아내서 "모든 ~은 ~(이)다"의 형식으로 된 문장으로 옮겨 봅시다. 그런 다음 친구들과 함께 잘못된 예가 없는지 따져 봅시다.

2 "모든 까마귀는 검다."라는 말이 지금까지 옳았다고 해서, 앞으로도 계속 옳다고 할 수 있을까요?

3 만약 우리한테 '과거에 경험했던 사례들'을 활용하는 능력, 즉 '일반화'를 하는 능력이 없다고 해봐요. 그러면 어떻게 될까요?

4 "모든 삼각형은 3개의 꼭지점이 있다." 이 주장은 영원히 참일까요?

동녘뉴스

초등학교에서 40여 명 집단 식중독 발생
아직 정확한 원인은 밝혀지지 않아

[서울 = 동녘뉴스 배심원 기자] 서울의 한 초등학교에서 **학생 40여 명이 집단 식중독 증상을 보여** 교육 당국이 진상 조사에 나섰다. 서울시교육청은 노원구의 H초등학교에서 지난 17일부터 4학년 학생 29명 등 모두 44명의 학생이 구토와 설사 증상을 보여 역학 조사에 들어갔다고 밝혔다. 시교육청은 또 "학교 급식 과정에서 사고가 발생했을 가능성이 크기 때문에 일단 이 학교의 급식을 전면 중단했으며 정확한 원인이 나올 때까지 학생들은 도시락을 먹도록 했다"고 말했다.

동녘뉴스

집단 급식사고의 원인 미스터리로 남아

[서울 = 동녘뉴스 배심원 기자] 지난달 중순 서울과 경기 등 수도권 일대 학교에서 발생한 집단 급식사고는 결국 미해결 사건으로 남을 것으로 보인다. 식중독 사고의 원인 식품을 밝히는 작업이 쉽지 않기 때문이다.

이 사건을 조사 중인 질병관리본부는 이미 지난달에 중간조사 발표를 통해 사상 최악의 대형 급식 사고를 야기한 원인이 '노로 바이러스'라는 것을 확인했다. 하지만 당시 질병관리본부는 이 바이러스가 어디에서 유래했는지는 알아내지 못했으며, 학생들이 먹은 음식물에 대해 일일이 조사해 봤지만, 한 달이 넘은 지금까지 뚜렷한 결론을 내리지 못하고 있다.

질병관리본부는 사고 당일 사용했던 식재료들이 학교 식당에 하나도 남아 있지 않았을 뿐 아니라 주방과 냉장고를 소독청소를 해서도 강력한 조사를 펼친 끝에 한 가지 음식재료를 범인으로 추정하기에 이르렀다. 문제의 음식재료가 식중독 사고가 난 학교에 공통으로 공급됐을 뿐 아니라, 이 음식재료가 들어간 음식을 먹은 학생들이 모두 설사 증세를 보였고, 채변 검사에서 원인 바이러스인 노로 바이러스가 검출됐다는 것이다.

하지만 이는 어디까지나 통계적 분석을 거쳐 나온 추정일 뿐 실질적인 증거는 못 된다는 데 질병관리본부의 고민이 있다. 이를 테면 심증은 가는데 물증이 없다고 할 수 있는 셈.

어쨌든 이번 급식 사고는 다른 식중독 사고와 마찬가지로 미궁으로 빠지게 됐으며, 책임소재를 가리지 못하게 됨에 따라 관련 업체에 대해서도 법적 책임을 묻기는 어려울 것으로 보인다.

6. 모든 사건에는 원인이 있다?

모든 사건에는 원인이 있을까요? 또 그 원인을 찾아내기 위해서는 어떻게 해야 할까요? 원인을 밝혀내는 방법에는 어떤 것이 있을까요?

식중독 사건의 원인을 찾아라!

"아아, 아이고 배야!"

슬범이는 아빠와 함께 배를 움켜쥐고 있는 엄마를 부축해 병원 응급실로 들어섰다. 슬범이는 엄마가 저렇게 아파하는 모습을 처음 본 터라 겁이 더럭 났다. 그런데 아빠는 의외로 침착하셨다.

"식중독이니까 병원에서 치료하면 된다. 크게 걱정할 거 없어."

새벽 2시에 집을 나설 때부터 똑같은 말씀을 아마 열 번은 반복하셨을 것이다.

"똑같은 증세를 아빠가 직접 경험해 봐서 잘 알아. 어제 저녁에 식당에서 먹은 음식 중에 상한 게 있었던 거야. 망할 놈의 식당 같으니. 이제 병원에 왔으니 걱정할 것 없다."

몇 가지를 묻고 나더니, 의사 선생님이 아빠의 추측을 확인해 주셨다. 주사를 맞고 30분 정도 지나자 엄마의 신음소리가 잦아들기 시작했다. 링거를 꽂고 누워 계신 모습이 훨씬 편안해 보였다. 슬범이와 아빠는 안도의 숨을 내쉬었다. 아빠가 병원 복도 자판기에서 음료수를 뽑아 와서 슬범이한테 건네셨다. 조금 마음의 여유를 찾은 슬범이가 아까부터 궁금했던 점을 아빠께 여쭤 보았다.

"아빠, 식당에서 식사한 사람은 엄마만이 아니잖아요. 근데 왜 우린 이렇게 멀쩡하고, 엄마만 식중독에 걸린 거죠?"

"어제 식당에서 우리가 무엇을 먹었지? 한번 생각해 보자."

"생선회 먹었죠, 뭐."

"생선회에 딸려 나온 음식들도 있었잖아. 생각 안 나? 오징어 튀김과 두부, 또……."

"아하, 그거! 근데 아빠, 저는 그거 다 먹었거든요."

"그랬니? 그렇다면 그건 아닌데, 도대체 뭐가 원인이었지? 음……."

"아, 맞다! 아빠, 소라무침도 있었어요. 소라무침! 그런데 나도 먹었는데, 엄마도 드시고. 아빠는요?"

"소라무침? 아빠도 먹었지."

"네? 그럼 뭐지. 우리가 먹은 것은 그게 다인데."

그때 엄마가 옆으로 돌아누우시며 어이없다는 표정으로 말씀하셨다.

"지금 아파 죽겠다는 사람 옆에 두고 뭐하는 거예요! 꼭 경찰이 수사하러 나온 것처럼. 우리 식구 맞아요?"

"미안, 미안. 하지만 당신한테 이렇게 고통을 준 식당 주인을 그냥 용서할 수가 없어."

"맞아요! 손해배상을 요구해야 해요! 엄마, 하마터면 큰일날 뻔했잖아요."

"그건 그렇고, 당신 어제 먹은 것들 좀 생각해 봐요. 내가 그 식당에 가서 따지려면, 무엇이 원인인지 찾아내야 하거든."

"몰라요. 상 위에 있던 음식은 다 먹었으니까."

"어허, 잘 좀 생각해 봐요. 나랑 슬범이는 안 먹고 당신만 먹은 게 분명히 있을 거야."

엄마는 짜증스럽다는 듯 반대방향으로 다시 돌아누우셨다. 그런데 가만 생각해 보니 엄마도 슬범이와 아빠의 말이 맞는 것 같았다. 이런 일을 그냥 넘어간다면, 언제고 또 다른 피해자가 생길 게 아닌가. 그래서 엄마도 이번 기회에 꼭 짚고 넘어가야겠다고 마음먹었다. 먹는 음식을 함부로 다뤄 이런 고통을 겪게 하다니……. 엄마는 한참을 생각하다 아빠를 돌아보며 물었다.

"여보, 혹시 당신도 그거 먹었어요? 멍게 말이에요. 생선회 접시 구석에 있던 멍게."

"멍게? 아니, 안 먹었어. 슬범이 넌?"

"난 한번 씹다가 맛이 이상해서 뱉어 버렸어요."

"아하! 맞아, 그거다! 그게 바로 원인이야. 왜냐하면 어제 나온 음식 중에서 엄마 혼자 먹고 우린 안 먹은 거, 그건 멍게뿐이니까."

"맞아요! 멍게!"

마침내 까다로운 퍼즐을 풀어낸 아이마냥, 슬범이와 아빠가 활짝 웃었다. 엄마가 다시 못마땅한 표정으로 말씀하셨다.

"경찰관 아저씨들, 이제 수사 끝나셨으면 돌아가 주세요. 저는 좀 쉬고 싶거든요. 당신은 아침 일찍 출근해야 하고, 슬범이도 학교에 가야 하니까. 어서요."

아빠 차에 몸을 싣고 집으로 돌아오면서 슬범이가 물었다.

"아빠, 엄마랑 똑같은 증세를 경험한 적이 있다고 했잖아요. 언제 그랬는데요?"

"응. 군대에 있을 때였는데, 아빠 부대에서 집단 식중독이 발생했었어. 저녁식사를 마치고 내무반에서 자다가, 한밤중에 아빠를 포함해서 절반 정도가 식중독으로 병원에 실려 갔었어. 엄마랑 똑같은 증세로. 음식 조심해야지. 어휴, 그때 아주 죽는 줄 알았다!"

"그때는 원인이 뭐였는데요?"

"나중에 조사를 통해 밝혀졌어. 그런데 뭐였더라? 맞다! 상한 닭고기 튀김이었어."

"어떻게 원인을 밝혔어요?"

"식중독에 걸린 사병들 모두가 먹었던 음식을 조사해 봤더니, 딱 한 가지가 있더라고. 그게 닭고기 튀김이었어."

"그럼, 안 먹었던 사람들은 다 괜찮았고요?"

"그렇지. 그래서 알아낸 거지."

슬범이는 그날 아침 무렵에 꿈을 꾸었다. 식당에 가서 주인한테 따지는 꿈이었다. 꿈속이라서 그랬을까, 슬범이의 키는 주인과 똑같았다. 슬범이가 주인을 노려보며 당당하게 따졌다.

"아저씨, 음식을 함부로 다루시면 어떻게 해요! 하마터면 우리 엄마가 큰일날 뻔했다고요."

"무슨 소리냐, 그게?"

"어제 식당에서 나온 멍게가 상했단 말이에요. 그래서 우리 엄마가 식중독에 걸려서 한밤중에 병원 응급실로 가셨단 말이에요. 손해배상하세요."

"손해배상? 좋다. 분명히 상한 멍게 때문이었다면 손해배상 해야지. 그런데 너, 멍게가 상했다는 무슨 증거가 있니? 상한 멍게 때문에 너희 엄마가 식중독에 걸렸다는 증거가 있냐고?"

"증거요? 이미 다 조사해 봤어요. 그래서 상한 멍게 때문인 것이 확실한데, 증거는 또 무슨 증거가 필요해요!"

"너는 확실한지 몰라도 나는 안 그래. 어제 우리 식당에서 똑같은 멍게를 다른 손님들 상에도 올렸거든. 그런데 다른 손님들은 멀쩡해. 그렇다면 좀 이상한 거 아니니?"

"뭐라고요? 그럴 리가, 그럴 리가 없어요!"

"언제든 네가 확실한 증거를 가져오면 손해배상하마. 하지만 확실한 증거가 없다면 곤란한걸."

싱긋 미소를 짓는 식당 주인의 얼굴이 점점 이상하게 바뀌어 갔다. 자세히 보니, 주인의 얼굴이 멍게가 되어가고 있었다. 주인이 섬뜩한 모습으로 점점 다가오더니 슬범이의 어깨를 감싸쥐며 물었다.

"흐흐흐! 증거 있니? 증거가 있냐고?"

"으아아악!"

슬범이는 결국 학교에 지각했다. 피곤한 몸에 불쾌한 꿈까지 겹쳐 우물쭈물하다가 그만 늦고 만 것이다. 수업시간에도 증거가 있냐고 묻던 식당 주인의 얼굴과 음성이 계속 머릿속을 맴돌았다.

 들여다보기

원인을 찾아내는 방법

우리는 이 세상의 모든 일은 다 원인이 있어서 일어난다고 생각합니다. 원인이 없는 결과는 없다고 생각하는 거죠. 태풍이 부는 것도, 지진이 일어나는 것도, 감기에 걸리는 것도 다 원인이 있어서 일어난 결과라고 믿습니다. 그런데 무엇이 원인인지를 찾는 것은 때때로 어렵습니다. 그래서 어떤 사건의 원인은 과학자처럼 잘 훈련된 전문가들이나 밝혀낼 수 있습니다. 이번에는 식중독을 예로 들어서 원인을 밝혀내는 방법을 알아봅시다.

밀의 원인 추적 방법 3가지

영국의 논리학자인 존 스튜어트 밀이 정리해 놓은 원인 추적의 방법을 중심으로 알아보기로 합시다. 밀의 원인 추적 방법에는 '일치법', '차이법', '일치차이 병용법'의 3가지가 있습니다.

여기서 일치법이 가장 간단한데요, 설명하면 이렇습니다. 만약 식중독에 걸린 사람이 세 명이 있다고 해봐요. 이럴 때 세 사람이 똑같이 먹은 음식이 무엇인가를 찾아서 '딱 일치하는' 음식이 있을 때 그 음식을 원인이라고 생각하는 것입니다. 왜 이런 방법을 '일치법'이라고 이름을 붙였는지 알겠죠? 일치하는 요소들을 찾아내기 때문에 그렇게 이름을 붙인 것입니다. 이 방법을 표로 쉽게 설명하면 아래와 같습니다.

〈표 1〉 밀의 일치법으로 원인 찾기

	원인 후보					결과
	생선회	오징어 튀김	두부	소라무침	멍게	식중독
슬범	○	○	○	×	○	걸림
명석	○	×	○	○	○	걸림
동필	×	○	×	○	○	걸림

그림에서 ○은 먹은 음식이고, ×는 먹지 않은 음식입니다. 그러면 어떤 음식이 식중독을 일으킨 원인이라고 생각하나요? 보나마나 식중독이라는 결과를 가져오는 데 빠짐없이 있었던 음식, 즉 멍게를 원인으로 생각할 것입니다. 이렇게 '결과가 발생하기 이전에 일치해서 나타났던 요소를 원인으로 추정하는 방법'을 일치법이라고 합니다. 쉽지요?

이야기 속의 사건에서 슬범이 아빠가 군대에서 겪었던 식중독 사건을 생각해 보세요. 식중독 증세를 나타낸 사람들이 다같이 먹었던 음식을 원인으로 생각했었지요. 이것도 바로 일치법을 적용해서 원인을 밝혀 낸 경우입니다.

그럼, 이제는 '차이법'이 무엇인지 알아봅시다. 이번에는 함께 식사를 했던 세 사람 중에 한 명만 식중독에 걸리고 두 명은 식중독 증세가 나타나지 않았다고 해봅시다. 세 사람이 먹었던 음식을 조사한 표입니다.

〈표 2〉 밀의 차이법으로 원인 찾기

	원인 후보					결과
	생선회	오징어 튀김	두부	소라무침	멍게	식중독
슬범	○	○	○	○	○	걸림
명석	○	○	○	○	×	안 걸림
동필	○	○	○	○	×	안 걸림

조사 결과가 이렇다면 어떤 음식이 원인이라고 추측할 수 있을까요? 그래요. 식중독에 걸린 사람과 걸리지 않은 사람을 비교할 때 차이가 나는 것은 단 한 가지, 멍게뿐이잖아요. 그러니까 이때는 멍게가 원인이라고 추정하는 게 맞겠지요. 이번에도 왜 이런 방법을 차이법이라고 부르는지 이해가 갈 것입니다. 결과가 발생한 경우와 발생하지 않은 경우를 비교해서 '차이가 나는' 요소를 찾아내는 방법이기 때문이지요.

그러면 마지막으로 '일치차이 병용법'을 알아봅시다. 이름에서 이미 눈치를 챈 친구들이 있겠지만, 이 방법은 일치법과 차이법을 함께 사용하는 경우입니다. 이번에도 표를 보고 설명해 보죠.

〈표 3〉 밀의 일치차이 병용법으로 원인 찾기

	원인 후보					결과
	생선회	오징어 튀김	두부	소라무침	멍게	식중독
슬범	○	×	○	○	○	걸림
명석	○	○	×	×	○	걸림
동필	○	○	○	○	×	안 걸림

먼저 위의 경우에서 일치법을 적용하면 어떻게 될까요? 잘 보시면, 식중독에 걸린 슬범이와 명석이의 경우에서 일치된 요소들은 뭐지요? 생선회와 멍게 두 가지입니다. 그런데 또 이 두 가지를 차이법을 적용해서 생각해 봅시다. 자, 생선회와 멍게 둘 가운데 결과가 발생한 경우와 발생하지 않은 경우를 비교해서 차이가 나는 요소가 무엇이지요? 맞아요, 멍게입니다. 따라서 멍게가 원인일 것이라고 추정하는 거죠. 그런데 이번에는 일치법과 차이법 두 가지를 함께 적용해서 원인을 밝혀냈습니다. 따라서 '일치차이 병용법'을 사용했다고 말하는 것입니다. 알겠죠?

원인이 없는 결과는 없다?

그런데 진짜 중요한 것은 이제부터입니다. 지금까지 설명한 일치법, 차이법, 일치차이 병용법을 사용할 때 아주 조심해야 할 점을 꼭 알고 넘어가야 합니다. 그게 무엇일까요?

이 방법을 쓸 때, 원인 후보로 꼽았던 요소들 중에 반드시 그 원인이 있어야 합니다. 그렇지 않고 자기가 몰랐던 또 다른 숨은 원인이 있다면, 이 방법으로 찾아낸 원인이 가짜 원인일 수 있기 때문입니다.

예를 들어 앞에 나온 〈표 1〉을 보세요. 세 명이 먹은 음식이 다섯 가지 음식 말고 또 있었다면 어떻게 될까요? 그렇죠. 그 음식이 원인일 수 있는 것이죠. 〈표 2〉와 〈표 3〉의 경우도 마찬가지입니다. 후보로 꼽았던 요소 중에서 한 가지가 반드시 원인일 때만 이 방법을 통해서 찾아낸 원인이 진짜 원인이 되는 것입니다. 이 점을 깜박 잊고 이 방법으로 찾아낸 원인이 무조건 진짜 원인이라고 믿으면 아주 위험합니다.

이야기 속에서 슬범이가 꿈속에서 식당 주인과 논쟁한 것 기억나지요? 만약 식당 주인 말이 옳다고 해봐요. 다시 말해서 슬범이 엄마가 드셨던 똑같은 멍게를 다른 손님들이 먹었는 데도 다른 사람들한테는 전혀 식중독 증세가 없었다고 해봐요. 그럼, 어떻게 될까요? 그렇다면 또 다른 원인이 있을 수 있다는 거잖아요. 슬범이가 원인 후보로 꼽지 않았던 또 다른 무엇이 진짜 원인일지도 모르는 거지요. 주의사항 절대 잊지 마세요!

1 혹시 여러분이나 가족 중에서 음식을 먹고 탈이 났던 경험이 있나요? 그때 원인이 무엇인지 어떻게 알아냈나요?

2 다음은 오래 사는 노인이 많은 지역을 찾아가서 장수의 원인이 무엇인지 조사해서 얻은 표입니다. 표를 보고 다음 물음에 답해 보세요.

	원인 후보					결과
	맑은 물	규칙적인 건강진단	규칙적인 노동	적게 먹기	채식위주 식사	
행복촌	O	X	O	O	O	장수함
평화촌	O	O	X	X	O	장수함
꽃밭촌	O	O	O	0	X	장수함

- 위의 표를 봤을 때, 세 마을이 장수마을이 된 원인은 무엇일까요?
- 만약 표에 나온 원인 후보들 외에 또 다른 원인이 있다면 어떻게 되나요?
- 만약 또 다른 장수마을에 가 보았더니, 그곳에는 맑은 물이 없었다고 합시다. 그렇다면 어떻게 되는 건가요?

3 친구들과 함께 일치법, 차이법, 일치차이 병용법을 사용해서 원인을 밝혀 내는 예를 만들어 봅시다. 그리고 이렇게 찾아낸 원인이 맞지 않은 경우도 생각해 봅시다.

4 여러 가지 원인들이 함께 작용해서 결과를 만들어 내기도 하나요? 가능하면 예를 들어 가면서 이야기해 보세요.

7. 너, 그 말 취소해!

늑대와 양이 주고받는 이야기를 들어 보세요. 여기서 늑대는 자기의 주장이 틀렸다는 것을 인정해야 하나요? 왜 그렇죠?

파충류는 다 징그럽다?

　점심시간이 지나고 5교시 과학수업 시간이었다. 슬범이는 밀려오는 졸음 때문에 선생님 말씀에 집중하기가 힘들었다. 그때였다. 갑자기, "아악!" 하고 날카로운 비명소리가 들렸다. 다들 놀라서 비명소리가 난 쪽을 쳐다보았다. 어진이가 지른 소리였다.
　"어진아, 왜 그러니?"
　놀란 선생님이 어진이를 보며 물으셨다.
　"개, 개미 때문에……."
　싱겁게도 원인은 개미 한 마리였다. 어진이가 자기 무릎 위로 기어다니는 개미 한 마리를 보고 기겁을 해서 지른 소리였다.
　"난 또 뭐라고……."
　아무튼 그 덕분에 슬범이는 잠이 확 깼다. 그럭저럭 수업시간이 끝난 뒤 슬범이는 어진이한테 가 놀리듯 말했다.
　"야, 어진아! 그까짓 개미 한 마리 갖고 그렇게 난리냐?"
　"야! 나는 벌레라면 다 질색이야. 으, 징그러워."
　"개미는 곤충이야, 곤충! 곤충이 뭐가 징그럽니! 하여튼 넌 별걸 다 갖고 야단이다."

"뭐? 징그러운 걸 징그럽다는데 뭐가 어때서! 그럼, 슬범이 너는 징그러운 거 없어?"

"나? 어……, 한 가지 있지. 파충류! 파충류는 다 징그러워!"

"그거야 당연하지. 나도 으으! 생각만 해도 싫어."

슬범이랑 어진이가 한 말이 앞자리에 앉아 있던 명석이의 안테나에 포착되었다. 명석이가 뒤를 돌아다보며 피식 웃더니 말했다.

"야, 슬범아! 너 방금 뭐라고 했어? 파충류는 다 징그럽다고?"

"그래, 근데 왜?"

"너, 거북이 징그러워, 안 징그러워?"

"거북이? 안 징그럽지."

"그럴 줄 알았어. 그런데 너 몰랐지? 거북이는 파충류야."

"정말? 거북이가 파충류라고? 너, 책임질 수 있어?"

"책임질 수 있지! 내가 책에서 분명히 읽었거든. 못 믿겠거든 우리 내기할까? 어때?"

내기까지 하자고 나서는 걸 보고, 슬범이는 그만 자신감을 잃었다. 그런데 명석이는 너 잘 걸렸다는 듯이 계속 말을 이어갔다.

"그러니까 슬범이 너 아까 한 말 취소해야 해. '모든 파충류는 다 징그럽다'는 말. 너는 거북이를 모욕했고, 친구들한테 허위사실을 퍼트리려고 했어. 맞지? 인정하지? 그러니까 빨리 취소해!"

"뭐? 내가 '모든 파충류는 징그럽다'고 했다고? 내가 언제!"

"어? 이거 봐라. 어진이 너도 들었지? '모든 파충류는 징그럽다'고 한 슬범이 말 말이야."

어진이가 고개를 끄덕이자 명석이는 더 끈질기게 슬범이한테 취소를 요구

했다. 결국 슬범이도 인정하고 말았다.
"알았어. 모든 파충류가 아니라, 대부분의 파충류는 징그럽디! 그럼, 됐냐?"

슬범이는 집에 오자마자 거실의 컴퓨터를 켜고 거북이가 진짜 파충류인지부터 찾아보았다. 그리고 여기저기 책도 뒤져 보았다. 그런데 명석이의 말은 사실이었다. 슬범이는 명석이가 더 얄밉게 느껴졌다. 친구들 앞에서 그렇게 조목조목 따져 가면서 공개적으로 망신을 주다니, 생각할수록 속이 상했다.
'자식, 잘난 척은. 책에서 미리 좀 읽어 둔 것을 가지고선……'

그런데 명석이가 지식을 **뽐냈던** 것은 이번만이 아니었다. 슬범이네 반 친구들이 명석이한테 '걸어다니는 백과사전'이라고 별명을 붙인 것만 봐도 짐작할 수 있다. 그런 명석이가 이따금 어떤 책에서 읽었다면서 지식을 자랑할 때면, 슬범이는 이렇게 쏘아붙이곤 했다.

"야, 책에 나온 거라고 다 맞냐! 책도 다 사람이 쓴 거야. 그러니까 얼마든지 틀릴 수 있어!"

그러면 명석이는 조금 기가 죽곤 했다. 그런데 오늘은 뭔가가 달랐다. 슬범이는 그것이 몹시 궁금했다.

'오늘은 내가 왜 그렇게 쏘아붙일 수가 없었을까? 왜 꼼짝 못하고 틀렸다는 것을 인정할 수밖에 없었을까?'

그때 엄마가 사촌동생인 원범이의 손을 잡고 함께 들어오셨다. 원범이의 손에는 책이 한 권 들려 있었다. 엄마가 원범이의 등을 토닥이며 말씀하셨다.

"원범아, 형한테 가서 새로 산 책 좀 읽어 달라고 해. 큰 이모가 얼른 떡볶이 해줄게."

"형아, 우리 이 책 읽자! 큰 이모가 사주신 거야."

슬범이는 하는 수 없이 방에 들어가 원범이가 가져온 책을 펼쳤다. 짤막짤막한 이야기들이 그림과 함께 담긴 우화집이었다. 슬범이는 아무데나 펼친 다음 읽기 시작했다.

어린 양이 물을 마시러 냇가에 갔습니다. 냇가에서 시원한 물을 마시고 있는데, 사나운 늑대가 나타났습니다. 굶주린 늑대는 어린 양을 잡아먹기 위해서 핑계거리를 찾았습니다. 그리고 꾀를 내어 말했습니다.

"너 이놈! 내가 저 위에서 물을 마시다가 흙탕물이 내려와 웬일인가 했는데, 이제 보니까 바로 네놈 짓이었구나. 너처럼 버릇없는 놈은 잡아먹어도 돼!"

그 말을 들은 어린 양이 고개를 갸웃거리더니 이렇게 말했습니다.

"늑대 아저씨, 아저씨는 저기 위쪽에서 물을 마셨다고 하셨죠?"

"그렇다!"

"그리고 물은 위에서 아래로 흐르지요? 맞죠?"

"당연하지!"

"늑대 아저씨, 저는 여기, 바로 이 아래에서 마셨어요. 그런데 아래에서 생긴 흙탕물이 어떻게 저 위로 올라갈 수 있어요?"

어린 양의 말에 늑대는 아무 말도 못했습니다. 그러자 늑대는 얼른 다른 핑계를 댔습니다.

"너 이놈! 듣자 하니, 네가 작년 이맘때쯤 나를 흉보고 다녔다지? 너 같은 버릇없는 녀석은 잡아먹어야 해!"

"어, 이상하다. 저는 태어난 지 이제 여섯 달밖에 안 됐어요. 그런데 어떻게 작년 이맘때 제가 늑대 아저씨 흉을 보고 다녀요?"

"시끄럽다, 이놈! 네가 아니라면 네 아비가 그랬겠지!"

이렇게 말하고 나서 늑대는 어린 양에게 달려들어 잡아먹어 버렸어요.

"이런 나쁜 늑대! 형아, 이런 늑대는 잡아서 혼내 줘야 해! 그치?"

원범이가 흥분해서 소리쳤다. 슬범이가 보기에도 정말 나쁜 늑대였다. 자기 말이 틀렸으면 순순히 인정해야지, 자기 말이 엉터리라는 걸 뻔히 알면서도 억지를 써 가면서 어린 양을 잡아먹다니……. 슬범이가 씩씩대는 원범이를 보면서 말했다.

"원범아, 그러니까 늑대이고 짐승이지. 너 만약에 늑대가 어린 양의 말을 듣고, 이렇게 말했다고 해 봐. '그래, 네 말이 옳구나. 내가 잘못 생각했다. 사과하마.' 그랬다면 그게 늑대니? 원범이 네가 늑대라면 그렇게 했을까?"

"음, 나는 그럴 거야! 좋은 늑대도 있으니까."
"좋은 늑대? 야, 그런 늑대가 어디 있니!"
"여기 있지! 그리고 형도 좋은 늑대고. 헤헤헤."

 들여다보기

사람만이 할 수 있는 생각?

여러분은 '늑대와 어린 양'의 이야기에서 무엇을 느꼈나요? 여러분도 늑대의 행동에 분노를 느꼈나요? 아무튼 슬범이가 한 말처럼, 짐승과 사람은 분명히 다릅니다. 그런데 짐승과 사람의 차이점 가운데 가장 큰 차이점은 무엇일까요?

사람은 '생각하는 동물'이라고 합니다. 이 말은 "생각하지 않는다면 사람이 아니다."는 말도 됩니다. 그런데 요즘에는 "사람 말고 다른 동물들도 생각을 한다."고 주장하는 과학자들이 많습니다. 물론 사람만큼 생각이 깊고 넓지는 못해도 어쨌건 다른 동물들도 생각을 한다는 것이지요. 실제로 침팬지나 오랑우탄 같은 동물을 잘 보세요. 생각에 잠긴 듯한 모습을 종종 볼 수 있답니다. 그리고 제법 꾀도 많고요. 그래서 "정도의 차이는 있어도 다른 동물들도 사람처럼 생각을 한다."는 말은 맞는 것 같습니다.

사람이 생각하는 방식, 동물이 생각하는 방식

그런데 사람이 생각하는 방식이랑 동물이 생각하는 방식에는 공통점도 있지만 중요한 차이점도 있어요. 먼저 어떤 공통점이 있을까요? 우선 동물도 얻고 싶은 것이 있을 때 꾀를 쓴다는 점에서는 사람과 같아요. 꾀를 내려면 생각하는 능력이 있어야 하잖아요. 침팬지들을 데리고 했던 어떤 실험을 예로 들어 보죠. 어떤 사람이 천장에 바나나를 매달아 놓았대요. 그리고 벽에 의자랑 나무 작대기를 놓아두었고요. 그랬더니 침팬지가 잠시 생각에 잠겼다가 나무 작대기를 가져왔어요. 그리고 의자를 끌어다가 그 위에 올라간 다음, 나무 작대기로 바나나를 떨어뜨려서 먹었대요. 어떤가요? 침팬지도 꾀를 쓰는 데는 사람 못지않지요.

그러니까 '원하는 것이 있을 때 그것을 얻기 위하여 온갖 꾀를 내는 생각'을 할 수 있다는 점에서는 사람이나 다른 동물이나 정도의 차이는 있어도 서로 비슷해요.

그럼, 차이점은 무엇이 있을까요?

사람은 '이성적으로 생각하는 능력'이 있어요. '이성적으로 생각하는' 것이 어떻게 생각하는 거냐고요? 지금부터 설명할게요. '늑대와 어린 양' 이야기를 생각해 보세요. 어린 양이 또박또박 따지는 것을 듣고, 늑대도 자기가 말한 게 틀렸다는 것을 알았어요. 그런데도 늑대는 그것을 인정하지 않고 억지를 부렸어요. 왜 그랬을까요? 원범이의 말처럼 '나쁜' 늑대였기 때문일까요? 그러면 만약 '착한' 늑대라면 그러지 않았을까요?

그 이유는 늑대한테 '자기의 생각과 말이 틀렸을 때 틀렸다는 것을 이해하고 스스로 인정할 수 있는 능력'이 없기 때문입니다. 늑대는 자기가 원하는 것을 얻기 위해서 '꾀'를 낼 수는 있지만, 자기의 생각과 말이 '옳은지 그른지를 따져 보는' 능력은 없거든요. 그리고 이런 능력은 늑대만이 아니라 사람 말고는 다른 동물들한테는 없어요.

사람은 자기의 주장이 옳은지 그른지, 자기가 한 말이 틀렸는지 맞았는지, 자기가 행동을 잘했는지 잘못했는지를 돌이켜 따져 볼 수가 있는데, 다른 동물들은 그렇지가 못합니다. 이 점이 동물들이 생각하는 방식과 사람들이 생각하는 방식에서 나타나는 아주 커다란 차이점이에요.

이번에는 슬범이한테 명석이가 학교에서 했던 말을 떠올려 봅시다. 명석이는 슬범이의 말이 틀렸다는 것을 어떻게 말해 주었나요? 대강 다음과 같이 말했지요.

"만약에 '거북이는 파충류이다'와 '거북이는 징그럽지 않다'가 참이라면, '모든 파충류는 징그럽다'는 반드시 거짓이다. 너는 '거북이는 파충류이다'와 '거북이는 징그럽지 않다'가 참이라는 것을 인정했다. 따라서 너는 '모든 파충류는 징그럽다'가 거짓이라는 것을 인정해야만 한다."

어떤가요? 명석이가 따져 가며 말한 것에 무슨 잘못이 있나요? 잘 생각해 보세요. 어쨌든 슬범이는 명석이의 말에 꼼짝 못하고 말았어요. 왜냐하면 명석이의 말이 옳기 때문이에요.

이성적으로 생각하는 능력

그런데 슬범이가 꼼짝 못하고 진 것은 창피한 일일까요? 아니에요. 만약 늑대라면 어떻게 했을지 상상해 보세요. 자기가 잘못 생각했다는 것을 인정하지 않았을 거예요. 그럴 능력이 아예 없으니까요. 그런데 슬범이는 역시 생각이 깊은 친구이기 때문에 자신의 말이 틀린 것을 인정했지요. 이렇게 잘 따져 봐서 틀렸으면 틀렸다고 인정하는 능력, 이런 능력을 '이성적으로 생각하는 능력'이라고 해요.

그래서 어떤 철학자들은 "인간은 생각하는 동물이다."보다는 "인간은 이성적으로 생각하는 동물이다."라고 말하는 게 더 알맞다고 보기도 해요. 여기서 잠깐 상상해 보세요. 만약에 우리 사람에게 꾀를 내는 능력만 있고, 이성적으로 생각하는 능력이 없다면 어떻게 될지.

보나마나 끔찍한 세상이 될 거예요. 거짓말쟁이와 사기꾼들이 판치고 악당들이 활개치는 세상이 될 거예요. 그뿐 아니라, 시험에서 틀린 답을 적어 놓고도 자기가 틀렸다는 걸 인정하지 않을 수도 있고요. 그렇게 되면 수학이나 과학도 공부할 수 없게 되겠죠.

많은 철학자들이 말했어요. 틀렸을 때 틀렸다는 것을 잘 따져서 말해 주면 고개를 끄덕이면서 인정하는 능력, 즉 '이성적으로 생각하는 능력'이 있기 때문에 우리 사람의 지식이 발전할 수 있는 것이라고요.

> **모순과 반박**
>
> 가끔 '내가 틀렸다는 것을 꼼짝 못하고 인정하게 되는 것'은 왜일까요? 그것은 바로 내가 '모순에 빠졌기' 때문입니다. 그러면 나는 어떤 때 모순에 빠지게 되나요? 그건 바로 내가 '동시에 참일 수 없고 동시에 거짓이 될 수 없는' 말을 할 때입니다. 예를 들어, 내가 "모든 금속은 물에 가라앉는다."와 "어떤 금속은 물에 가라앉지 않는다."를 '둘 다 참'이라고 주장할 수 있나요? 아니죠. 둘 중 하나가 참이면 다른 하나는 반드시 거짓이 되어야 하지요.
>
> 누군가가 주장을 듣고 그 주장이 틀렸다는 것을 지적하는 것을 '반박한다'고 합니다. 그러면 누군가의 주장이 반박하는 가장 좋은 방법은 뭘까요? 그건 바로 모순을 찾아내서 말해 주는 것입니다.

'지구는 평평하다'고 믿던 사람한테 잘 따져서 그게 틀렸다는 것을 말해 주면 자기가 틀렸다는 것을 인정하고 생각을 바꾸는 능력. '남자는 여자보다 우수하다'고 믿던 사람한테 그게 왜 잘못된 생각인지를 잘 따져서 말해 주면 잘못을 인정하고 생각을 고치는 능력. 이런 능력이 없다면 사람이 지식과 문화를 발전시킬 수 없었다는 것이죠.

그런 점에서 슬범이가 명석이를 얄밉게 여기면서도 명석이의 말을 인정했던 것은 슬범이한테 이성적으로 생각하는 능력이 있다는 것을 증명한 거예요. 그렇죠? 그러니까 슬범이는 창피하게 생각할 필요가 없겠지요?

 생각해 보기

1 다음 말을 잘 살펴보세요. 그리고 이 말을 듣는 사람이 '이성적으로 생각해서 꼼짝없이 인정'해야 할지, 아니면 틀린 것을 인정하지 않아도 될지 말해 보세요. 그리고 비슷한 경우를 여러분이 직접 만들어 보세요.

> 너는 '모든 새는 난다'고 말했어.
> 그런데 펭귄은 날지 못해.
> 그리고 또 펭귄은 새이고. 맞지?
> 따라서 '모든 새는 난다'고 한 네 말은 틀렸어.

> 너는 '날아다니는 것은 모두 새이다'라고 했어.
> 그런데 박쥐는 날아다녀.
> 따라서 네 말대로라면 박쥐도 새라고 해야 해.
> 그런데 박쥐는 새가 아니야.
> 따라서 '날아다니는 것은 모두 새이다'라는 너의 말은 틀렸어.

2 친구와 말싸움을 했을 때, 친구가 틀린 게 분명한 데도 인정하지 않았던 예가 있었나요? 그럴 때 기분이 어땠나요? 그리고 왜 친구가 틀린 게 분명하다고 확신했나요? 함께 예를 들어가며 이야기해 봅시다.

3 '늑대와 어린 양' 이야기 기억하지요? 만약 늑대가 '이성적으로 생각하는 능력'이 있다면 이야기는 어떻게 되었을까요? 한번 이야기의 줄거리를 바꿔서 여러분이 직접 새로운 우화를 만들어 보세요.

8. 어떤 비유가 더 좋을까?

어렵고 복잡한 것을 쉽게 말할 때 우리는 비유를 씁니다. 왜 사람들은 비유를 자주 들까요?
비유도 맞거나 틀릴 수 있을까요?

보기 좋은 떡이 맛도 좋다?

슬범이의 머릿속은 집에 오는 길 내내 분주했다. 분명히 자기의 주장이 더 나은 주장 같은데, 명석이한테 한방 먹은 게 분했기 때문이다.

오늘 도덕수업 시간이었다. 선생님이 갑자기 슬범이한테 질문을 던지셨다. 성형수술을 통해 외모를 고치려는 사람들이 늘어나고 있는데, 이 문제에 대해서 어떻게 생각하느냐고. 당황스러웠지만 슬범이는 머릿속의 생각들을 정리해서 애써 침착하게 대답했다.

"책을 겉표지만 보고 그 내용을 판단하면 안 된다고 생각해요. 마찬가지로 사람도 겉모습만 보고 됨됨이를 평가해서는 안 되겠죠. 이런 문제가 발생하는 것은 우리 사회가 지나치게 외모로 사람을 평가하기 때문이에요. 따라서 이 문제를 해결하기 위해선 우리 모두 외모로 사람을 평가하지 않도록 노력해야 한다고 생각합니다."

대강 이런 내용이었다. 다들 당연한 얘기라고 받아들였는지 별다른 반박이 없었다. 그런데 불쑥 명석이가 손을 들었다.

"저는 생각이 다릅니다. '보기 좋은 떡이 맛도 좋다'는 말이 있습니다. 마찬가지로 외모는 사람을 평가하는 데 중요합니다. 외모를 보면 그 사람의 속이 어떤지 대강 알 수 있습니다. 그러니까 외모를 잘 가꾸려는 노력은 아주 중요합니다. 그래서 저는 성형으로 얼굴을 더 예쁘게 고치는 것은 막을 일이 아니라고 생각합니다."

여기저기서 고개를 끄덕이는 아이들의 모습이 눈에 띄었다. 그런데 슬범이 속을 뒤집어 놓은 것은 명석이가 덧붙인 바로 이 말이었다.

"저는 외모로 사람을 평가하지 말자, 이렇게 말하는 사람들은 솔직하지 못한 사람이라고 생각합니다. 자신은 늘 외모로 사람을 평가하면서 그렇게 말해선 안 되는 거 아닌가요?"

슬범이가 듣기에는, 자신이 바로 솔직하지 못한 사람들을 대표하는 것으로 들렸다. 슬범이는 명석이의 주장을 반박하려고 했지만 어떻게 자기 생각을 말할지 갈피를 잡을 수 없었다. 그러는 사이 수업이 끝났다.

집에 들어서자 슬범이 표정을 본 엄마가 물으셨다.

"표정을 보니, 너 오늘 뭐 안 좋은 일 있었구나. 누구랑 싸웠니?"

슬범이는 말싸움도 싸움이라고 생각했다. 그러고 보니 오늘은 슬범이가 보기좋게 깨진 싸움이었다.

"엄마, 보기 좋은 떡이 맛도 좋다, 뭐 그런 이상한 속담도 있어요?"

"있지. 왜?"

슬범이는 자존심이 상했지만, 그래도 엄마에게 속상한 마음을 위로받고 싶어서 학교에서 있었던 일을 모두 말씀드렸다. 엄마는 자신을 편들어 주실 거라고 굳게 믿고서.

"슬범아, 화날 만하다. 토론하면서 그런 식으로 남의 인격을 공격하는 것은 나빠. 그런데 왜 선생님이 가만히 계셨지? 엄마라면 한번 주의를 줬을 텐데."

"명석이 걔가 말을 얼마나 잘하는데요! 말로는 아무도 못 당해요."
"명석이가 정말 말을 잘한다면 그건 장점이야. 너도 배워야지. 그건 그렇고. 네 말을 들어 보니까 말이야, 너도 그렇고, 명석이도 그렇고, 둘 다 속담을 끌어다가 각자의 주장을 뒷받침했어. 너는 '책을 겉표지로 판단하지 마라', 명석이는 '보기 좋은 떡이 먹기도 좋다', 맞지?"

"네, 그런데요?"
"너는 사람을 '책'에, 명석이는 사람을 '떡'에 각각 비유한 거야. 그런데 엄마는 아무래도 사람을 '떡'에다가 비유한다는 게 마음에 안 들어."
"맞아요! 바로 그거예요. 사람이 '음식'인가요 뭐!"
"사람이 '음식'은 아니지. 그렇지만 '책'도 아니야. 지금 문제는 너희 두 사

람이 든 비유 중에서 무엇이 더 적절한 비유인가, 이건데……."

"사람을 '책'에 비유해야지, 어떻게 먹는 '음식'에 비유해요!"

"왜 그렇게 생각하니?"

"사람은 중요한 존재니까요. 그러니까 책에 비유해야 어울리죠."

"책만 중요하니? 음식도 중요하지. 먹어야 사니까. 안 그래?"

슬범이는 지금 자기가 엄마랑 얘기하고 있는 건지, 명석이랑 얘기하고 있는 건지 헷갈렸다.

"엄마, 지금 누구 편이에요?"

"음……. 지금 엄마가 궁금한 건 어떤 비유가 더 적절한가야."

그때 전화벨 소리가 울렸다. 엄마가 전화를 받으러 자리를 비우신 뒤에도 슬범이는 계속 생각했다.

'어떤 비유가 더 적절할까? 당연히 책이지 뭐. 먹는 음식에 사람을 비유한다는 건 말도 안 돼! 그런데 내가 이렇게 말하면 명석이는 보나마나 이렇게 나올 거야. 야, 그럼 사람이 책이냐! 함부로 막 찢어도 되는 책이야?'

엄마가 전화를 끊고 다시 나오셨다.

"슬범아! 너 이런 비유도 있는 거 아니?"

"어떤 비유요?"

"이런 속담도 있거든. '뚝배기보다 장맛.' 이게 무슨 뜻이냐면, '뚝배기가 깨졌건 금이 갔건, 중요한 것은 뚝배기의 상태가 아니라 그 안에 담긴 내용물이다' 이거야. 그러니까 겉모습이야 어떻든 중요한 것은 사람의 됨됨이라는 말이지."

"그러면 사람의 외모는 뚝배기, 사람의 됨됨이는 거기에 담긴 장맛. 그런 비유인가요?"

"그렇지."

"그런데 제 친구들은 장맛이 어떤 것인지 뚝배기가 어떤 것인지 잘 모르는 애들이 많아요. 그래서 별로인 것 같아요."

"그런가? 그래, 그럴 수도 있겠다."

"아, 명석이가 들었던 비유가 엉터리라는 걸 딱 집어내면 되는데……."

"그럼, 이러면 되겠다."

"뭔데요?"

"떡은 말이야, 겉모습을 보기 좋게 정성껏 빚은 사람이라면 떡의 속도 정성껏 만들어. 안 그래? 그래서 보기 좋은 떡이 먹기도 좋은 거야. 하지만 사람은 달라."

"뭐가 다른데요?"

"겉모습으로 다른 사람의 눈을 끌려고 노력하는 사람은 자기 속마음을 가꾸는 데는 시간과 노력을 덜 기울일 가능성이 커. 그러니까 외모가 멋진 사람은 속마음은 별로일 가능성이 크다, 이거지. 어때?"

"음, 그럴듯해요."

"내일 명석이를 보거든 그렇게 반박을 해봐."

그러나 슬범이는 자신이 없었다. 그래서 시무룩하게 대답하고 말았다.

"그래도 걔는 또 반박할 거리를 찾아낼 거예요."

그러자 엄마는 슬범이의 마음을 안다는 듯 싱긋 웃으며 말씀하셨다.

"그건 그때 가서 또 생각해 보렴."

적절한 비유와 부적절한 비유

우리는 날마다 '비유'를 들어서 이야기를 나눕니다. 비유를 들지 않고 이야기를 할 때가 거의 없다고 봐야지요. 그런데 '비유'란 무엇일까요? '비유'의 뜻에 대해서 여러분은 학교에서 국어 시간에 조금 배운 적이 있을 것입니다. 그런데 철학에서는 '비유'라는 말 대신에 '유비'라는 말을 주로 사용합니다. 그리고 이 책은 철학교과서니까 '유비'에 대해서 설명해 보겠습니다.

비유를 사용한다는 것

유비는 서로 다른 사물 또는 서로 다른 사건 두 가지를 놓고 그 두 가지가 가진 유사점(비슷한 점)을 찾아내서 서로 견주어 보는 것을 말합니다. 무슨 말인지 잘 모르겠다고요?

이야기에 나왔던 사건을 예로 들어 봅시다. 우선 '사람'과 '떡'은 전혀 다릅니다. 그런데도 명석이는 둘 사이에 비슷한 점이 있다고 보았습니다. 어떤 비슷한 점이 있다고 보았나요? 명석이의 생각을 표로 나타내 봅시다.

〈표 1〉 명석이의 생각

〈떡 : 사람〉의 대응관계
떡 ⇔ 사람
떡의 맛 ⇔ 사람의 마음
떡의 겉모습 ⇔ 사람의 외모
보기에 좋은 떡 ⇔ 호감 가는 외모
맛이 좋은 떡 ⇔ 됨됨이가 괜찮은 사람

〈표 1〉에서 보는 것처럼 명석이는 '떡이 보기 좋으면 맛도 더 좋은 것처럼, 사람도 외모가 호감을 주면 사람의 됨됨이도 좋다'고 주장한 것입니다.

그런가 하면 슬범이는 다른 유비를 사용했어요. 바로 '책'을 이용해서 '사람'과 비슷한 점을 찾아낸 거지요. 슬범이의 생각도 표로 나타내 봅시다.

〈표 2〉 슬범이의 생각

〈책 : 사람〉의 대응관계
책 ⇔ 사람
책의 겉표지 ⇔ 사람의 외모
책의 내용 ⇔ 사람의 됨됨이

슬범이는 '어떤 책이 겉표지가 보기 좋다고 해서 그 책의 내용까지 훌륭한 게 아닌 것처럼, 어떤 사람의 외모가 호감을 준다고 해서 그 사람의 됨됨이마저 훌륭한 것은 아니다. 사람의 외모와 사람의 됨됨이는 전혀 별개이다'라고 주장했습니다.

명석이는 〈떡 : 사람〉, 슬범이는 〈책 : 사람〉을 견주어서 각각 비슷한 점이 있다고 본 것입니다. 그런데 누구나 아는 것처럼, 떡과 사람, 책과 사람은 전혀 다릅니다. 슬범이와 명석이는 잘 생각해 보면 '숨은 유사점'을 발견할 수 있다고 보았지요.

숨은 유사점이 무엇이냐고요? 다음의 두 가지를 보세요. 겉으로 봐서는 분명히 서로 다른 것 둘을 짝지어 놓은 것 같습니다. 그런데 잘 비교해 보면 숨은 유사점이 있을지도 모릅니다.

- 자동차의 바퀴 ⇔ 사람의 다리
- 새의 둥지 ⇔ 사람의 집
- 거북이의 등껍질 ⇔ 군인의 갑옷

분명히 겉모습만 보면 서로 닮은 데가 없는 별개의 것들로 짝지어져 있습니다. 하지만 잘 따져 보면 어떤가요?

- 자동차가 바퀴가 있어야 움직이듯이 사람도 다리가 있어야 움직입니다. 그러니까 '자동차와 바퀴'의 관계는 '사람과 다리'의 관계와 비슷하지요.
- 새들이 둥지를 만들어 그 안에서 새끼를 낳고 기르는 것처럼, 사람도 집이 있어야 가족이 함께 살아갈 수 있지요. 따라서 '새와 둥지'의 관계는 '사람과 집'의 관계와 비슷하지요.
- 거북이가 단단한 등껍질로 자기 몸을 보호하듯이, 예전에는 군인들도 갑옷을 입어 자기 몸을 보호했습니다. 따라서 '거북이와 등껍질'의 관계는 '군인과 갑옷'의 관계와 비슷하지요.

이제 겉으로 봐서 전혀 다른 것들도 잘 따져 보면 숨은 유사점이 발견될 수 있다는 걸 이해하겠지요? 이렇게 누군가 서로 다른 두 가지에서 숨은 유사점을 찾아서 말할 때 우리는 이 사람이 '유비'를 사용했다고 합니다. 슬범이가 이렇게 말했다고 해봐요.

"나, 지금 뚜껑 열렸어!"

무슨 뜻인지 알죠? 물을 냄비에 담아서 끓일 때 지나치게 끓이면 냄비의 뚜껑이 열리잖아요. 마찬가지로 지금 슬범이가 화가 나서 도저히 참지 못해서 씩씩거릴 지경이 되었다는 것을 '뚜껑이 열렸다'고 표현한 거지요. 여기서도 '사람 마음'과 '냄비'는 전혀 다른 것이지만, 잘 생각해 보면 숨은 유사점이 있습니다. 이렇게 우리는 자신의 느낌을 표현할 때도 곧잘 유비를 사용하곤 합니다.

어느 비유가 더 적절한가?

여기서 다시 이야기 속에서 슬범이와 명석이가 논쟁했던 사건으로 돌아갑시다. 슬범이는 자신의 유비 〈책 : 사람〉이 명석이의 유비 〈떡 : 사람〉보다 더 적절하다고 생각했어요. 그런데 어째서 자신의 유비가 더 적절한지 그 이유는 말할 수 없었어요. 여러분은 어떻게 생각하나요? 판단하기 참 까다롭지요? 선생님은 개인적으로 슬범이 엄마처럼 책에 비유한 것이 더 적절하다고 생각해요.

왜냐하면 떡의 경우는 겉과 속이 별로 다르지 않아요. 떡의 겉을 정성스럽게 빚어 낸 사람은 떡의 속까지도 정성스럽게 만들어 넣을 거 같아요. 그런데 사람은 다르지요. 겉을 정성스럽게 꾸미는 사람은 겉을 꾸미는 데 정신이 팔려서 속마음을 반듯하게 가꾸는 데는 별로 노력을 하지 않을 것 같거든요.

슬범이가 사용했던 유비가 더 마음에 드는 까닭은 이래요. 책은 좋은 책일수록 많이 여러 번 읽게 돼요. 그래서 오랜 시간 손에 쥐게 되고, 여기저기 메모도 많이 해두게 되지요. 그러다 보면 책에 손때가 많이 묻고 군데군데

직유와 은유

서로 다른 두 가지를 놓고 '숨은 유사점'을 찾아내서 말하는 것을 '유비'라고 한다고 했지요? 그런데 유비 중에서 가장 흔히 쓰이는 것이 직유법과 은유법입니다. 이 중에서 직유법은 〈A는 B와 같다〉고 말하는 것입니다. 예를 들면, 〈마음은 그릇과 같다〉, 〈시간은 화살과 같다〉 등등입니다. 또 은유법은 〈A는 B이다〉라고 표현하는 경우입니다. 예를 들면, 〈아빠는 우리 집의 선장이다〉, 〈거미는 건축가이다〉 등등입니다.
우리가 직유법이나 은유법을 사용하건, 또는 속담을 사용하건, 우리는 '겉으로 보면 전혀 다른 것 속에 감춰진 숨은 유사점'을 찾아내서 말을 하기 때문에 유비를 사용하는 것입니다.

닳고 찢겨진 곳도 생기게 됩니다. 그래서 내용이 좋은 책일수록 겉모습은 초라해집니다. 그리고 또 책의 내용이 별로이면 책의 겉표지를 더 화려하게 꾸밀 거예요. 왜냐하면 내용에 자신이 없으니까 그만큼 책의 겉모습을 잘 꾸며서 독자들이 그 책을 사게 만들어야 하니까요.

어떤가요? 이게 선생님이 슬범이가 사용한 유비가 더 적절했다고 생각하는 이유입니다. 네? 그건 편견일 뿐이라고요? 여러분의 경험에 의하면, 겉모습이 단정한 사람이 속마음도 반듯한 편이라고요? 그럴지도 모르죠.

아무튼 어떤 유비가 더 적절한가를 판단하는 것은 이처럼 정말 까다로운 일입니다. 물론 쉽게 판단할 수 있는 경우들도 있어요. 다음의 경우를 따져 봅시다.

- 철수는 맡겨진 일을 곰처럼 열심히 했다.
- 철수는 맡겨진 일을 소처럼 열심히 했다.

어떤가요? 누군가 자기에게 맡겨진 일을 몸을 아끼지 않고 열심히 했을 때 곰에 비유하는 게 더 적절한가요, 아니면 소에 비유하는 게 더 적절한가요? 그래요. 소에 비유하는 게 더 적절하죠. 곰이 소처럼 맡겨진 일 또는 시키는 일을 열심히 하는 모습을 본 사람은 아마 없을 거예요.

    이렇게 경우에 따라서는 어떤 유비가 더 적절한가에 대해 판단하기 쉬울 때도 있고 판단하기 참 어려울 때도 있답니다. 중요한 것은 슬범이처럼 늘 어떤 유비가 적절한가 부적절한가 따져 보는 습관입니다.

 생각해 보기

1 다음에 나오는 세 친구의 비유들 중에서 가장 적절한 것은 무엇일까요? 가장 적절하다고 생각하는 것을 골라서 왜 그렇게 생각하는지, 그리고 부적절하다고 생각하는 것들은 왜 부적절한지 이유를 말해 보세요.

　　명석: 낙타는 사막의 구름과 같아.
　　어진: 낙타는 사막의 꽃과 같아.
　　슬범: 낙타는 사막의 배와 같아.

2 속담들 중에는 종종 서로 반대되는 뜻을 담은 것들이 있어요. 다음 속담들을 보고 각각 그 뜻이 무엇인지, 정말로 서로 반대되는 뜻을 담고 있는지 살펴보세요. 그리고 서로 반대되는 뜻을 담고 있다고 생각되는 속담들을 더 찾아보세요.

　　｜ 우물가서 숭늉 찾는다.
　　｜ 쇠뿔도 단김에 빼라.

　　｜ 열 번 찍어 안 넘어가는 나무 없다.
　　｜ 올라가지 못할 나무는 쳐다보지도 마라.

　　｜ 사공이 많으면 배가 산으로 간다.
　　｜ 백지장도 맞들면 낫다.

3 시인이나 소설가들은 작품을 쓸 때 유비를 아주 많이 사용합니다. 그런데 알고 보면 과학자들도 유비를 자주 사용합니다. 다음 예를 보고 여러분들도 이와 비슷한 예를 더 찾아보세요.

- 아마존 열대우림은 지구의 허파이다.
- 갯벌은 지구의 콩팥이다.
- 우리 심장은 펌프와 같다.
- 원자의 내부는 태양계와 비슷하다.
- 유전자는 한 권의 책과 비슷하다.

4 다음 두 친구의 대화를 들어 봅시다. 두 사람은 지금 농담을 하고 있는 걸까요? 아니면 진담일까요?

어진: 남자는 모두 늑대야.
슬범: 맞아. 남자들은 늑대들처럼 단체생활을 잘하지. 그런데 말이야, 그 동안 내가 관찰해 보니까 여자의 마음은 갈대와 같아.
어진: 맞아. 여자들의 마음은 갈대처럼 부드러워. 아주 융통성이 많지.

9. 가설이란 무엇일까?

범죄 현장을 목격한 사람은 아무도 없습니다. 그런데도 명탐정은 진범을 찾아냅니다. 공룡이 멸종한 사건도 목격자는 아무도 없습니다. 그런데도 과학자들은 원인을 알아냅니다. 어떻게 알아내는 걸까요?

김별난이 사라졌다! — 원인 찾기 1

"슬범아, 너 동물들도 자살을 할 수 있다고 생각하냐?"

"뭐? 동물이 자살? 말도 안 돼. 자살이라는 것은 생각하는 동물, 그러니까 사람만이 저지를 수 있는 어리석은 짓이야. 알았어?"

명석이가 슬범이의 대답을 듣더니 묘한 웃음을 흘리며 가방에서 뭔가를 꺼냈다. 신문이었다. 슬범이는 명석이의 웃음에 또 걸려들었다는 불길한 느낌이 들었다.

"이거 봐. 고래의 집단자살! 어때? 몰랐지. 동물들도 자살을 한다고."

"진짜? 이리 줘 봐, 읽어 보게. …… 야, 너 끝까지 읽어야지! 여기 봐! '자살로 추정된다'고 되어 있잖아. 이 말은 자살로 '추측된다'는 거지, 자살이 확실하다는 건 아니야."

"뭐? 그러네. 그렇지만 고래들이 얼마나 똑똑한데 아무 이유 없이 이렇게 해변가에 집단으로 몰려가서 죽겠어? 그러니 자살이라고 봐야지."

"우리가 모르는 다른 원인이 있을지 몰라. 혹시 이 고래들이, 뭘 잘못 먹은 게 아닐까? 아니면 뭔가에 쫓기다가 이렇게 된 건지도 모르고."

그날 저녁 7시에 슬범이네는 텔레비전 뉴스를 보면서 저녁식사를 하다가 놀라운 사건 소식을 들었다. 인기 개그맨 김별난이 행방불명되었다는 뉴스였다. 개그맨 김별난은 바로 슬범이네와 같은 아파트 단지에 살고 있었다. 슬범이도 몇 번 마주친 적이 있었다. 그래서 슬범이는 언젠가 다시 마주치면 사인이라도 받겠다고 벼르고 있던 터였다. 그런데 그 김별난이 행방불명이라니! 보도에 따르면, 집안에 유서를 써 놓고 말없이 새벽에 집을 나갔는데 며칠째 전혀 연락이 되지 않는다고 했다.

'아니, 이게 웬일이야! 인기 개그맨이, 그것도 한참 인기가 하늘을 찌르고 있는데, 유서를 써 놓고 사라지다니……'

슬범이는 물론 부모님도 모두 도저히 믿어지지 않는다는 표정이었다. 가장 놀란 사람은 엄마인 것 같았다.

"여보, 무슨 일일까요? 왜 자살을 한 걸까요? 얼마 전에도 동네 가게에서 봤었는데, 이럴 수가!"

"아무래도 스트레스를 많이 받았겠지. 인기를 유지한다는 게 어디 쉬운가. 남들을 웃기기 위해서 아이디어를 짜 낸다는 게, 아마 스스로를 고문하는 거나 마찬가지였을 거야."

"잠깐요! 두 분 지금 김별난이 자살했을 거라고 추, 추…… 추정! 그러니까 추정하시는 거죠?"

"그래, 그런데 왜? 그렇게 추정하는 게 뭐가 이상하니? 조금 전에 방송에 나왔잖아, 유서를 써 놓고 새벽에 말없이 사라졌다고."

"그렇지만 엄마, 아직 확실한 건 몰라요."

"그래, 네 말이 맞다. 유서를 써 놓고 집을 나간 사람이 연락이 안 된다는 사실만 가지고 틀림없이 자살했을 거다, 이렇게 결론을 내리는 것은 성급해. 아직 시신이 발견된 것도 아니고. 그렇지만 슬범아, 유서를 써 놓고

아무 말도 없이 사라졌다? 그러면 일단 그렇게 추정해 보는 것은 당연하지 않을까? 결론을 내리는 것은 성급하지만."

"난 아무래도 이상해요, 엄마. 요즘 한참 방송에서 뜨고 있는데 왜 자살을 해요?

"음, 그래. 그건 네 말이 옳구나."

아빠는 슬범이의 어깨를 두드리며 대견해하셨다. 이 모습을 바라보며 엄마가 한 마디 하셨다.

"네 말을 듣고 보니 그렇구나. 이제 겨우 무명생활을 벗어나서 스타가 됐는데, 그런 사람이 자살을 한다? 그것도 믿기 힘들지. 여보, 우리 슬범이 이 다음에 형사가 되려나 봐요. 그건 그렇고, 김별난 바로 옆집 사는 아줌마를 내가 아는데, 전화 한번 해봐야겠다."

그날 밤 슬범이는 거실에 있는 컴퓨터를 켜고 인터넷을 검색해 봤다. 명석이랑 낮에 이야기했던 고래의 집단자살이 궁금해서였다. 그런데 슬범이의 예상처럼 자살이 아닌 쪽으로 추측하는 과학자들도 많았다. 갖가지 추측들이 있었지만 그 중에서 슬범이의 눈길을 끈 것은 다음 다섯 가지였다.

1. 고래들이 대형선박에서 유출된 기름을 먹고 알 수 없는 질병에 걸렸을 수 있다.
2. 먹이를 찾아왔다가 우두머리가 방향을 잃고 죽게 되니까, 뒤따르던 나머지도 함께 죽게 된 것일지 모른다.
3. 집단 내부에 권력 다툼이 일어나서 그렇게 되었을 가능성이 있다.
4. 스트레스로 인한 우발적인 집단자살로 추정된다.
5. 잠수함, 군함, 대형 선박에서 나오는 소음이 고래들의 방향감각을 잃게 만든 것이 원인이라고 추측된다.

'거 봐! 내 생각이 맞았지. 집단자살이 확실한 것은 아니야. 전부 〈~일 수 있다〉, 〈~일지 모른다〉, 〈~일 가능성이 있다〉, 〈~로 추정된다, 추측된다〉는 말로 끝나잖아. 이건 다 확실한 건 아니라는 뜻이야.'

그때 안방 문이 열리더니 아빠가 컴퓨터 쪽으로 다가오셨다.

"슬범이 뭐 보냐? 아하, 이거! 아빠도 신문에서 읽었는데. 어디 좀 보자."

아빠가 의자를 하나 더 끌어다가 슬범이 옆에 앉으셨다. 그리고 슬범이가 보던 기사를 읽고 나서 말씀하셨다.

"어떤 원인 때문에 고래들이 집단으로 죽었는지 아빠도 정말 궁금했는데, 역시 온갖 가설들이 다 있구나. 재미있네."

"아빠, 가설이 뭐예요?"

"가설이라는 것은 어떤 놀라운 일이나 이해하기 힘든 현상이 발생했을 때 과학자들이 그 일을 이해가 가도록 설명하기 위해서 떠올리는 생각을 말하는데, 일종의 추측과 비슷하지."

"놀라운 일이 발생했을 때, 설명하기 위해 떠올리는 생각이라고요?"

"그래. 과학자들은 말이야, 고래의 집단죽음처럼 이해하기 힘든 현상이 벌어지면 자기가 아는 지식을 총동원해서 그 현상을 설명하려고 하지. 그럴 때 떠올리는 일종의 추측들을 가설이라고 한단다."

"아빠, 그러니까 가설은 아직 확실한 게 아닌 거, 맞죠?"

"맞아. 가설이 맞는지 틀리는지 확실히 알기 위해서는 실험이나 조사를 해 봐야지. 아! 이렇게 설명하면 더 쉽겠다. 아까 봤던 개그맨 김별난 행방불명 사건 있잖아, 그걸 생각해 봐. 그 사건도 정말 놀라운 사건이잖아. 그런 사건이 발생하면 형사들은 어떻게 할까? 자살이냐 타살이냐, 아니면 납치냐 실종이냐, 별별 추측들을 다 할 거야. 형사들이 그렇게 추측해 보는 것들이 말하자면 과학자들이 만들어 내는 가설인 셈이지."

"아빠, 그럼 김별난 사건에 대한 아빠의 가설은 뭐예요?"

"내 짐작으로는 아무래도 자살을 시도한 것 같은데 말이야. 슬범아, 그러지 말고 우리 또 다른 뉴스가 있는지 찾아보자."

슬범이는 아빠와 함께 김별난 사건에 대한 새로운 기사를 검색해 나갔다. 가장 먼저 눈에 띈 기사는 다음과 같았다.

경찰 조사에 따르면, 발견된 유서가 컴퓨터로 작성된 것이기 때문에 본인이 직접 작성한 게 맞는지 확인이 필요하다고 한다. 따라서 경찰은 자살을 시도하기 위해 집을 나갔다고 단정하기에는 아직 이르며, 납치의 가능성을 비롯해서 여러 가지 가능성을 열어 두고 주변인물을 대상으로 폭넓게 탐문수사를 진행할 예정이다.

 들여다보기

지식은 가설에서 시작된다!

고래들의 집단자살! 이런 놀라운 소식을 들어 본 적이 있나요? 호주의 한 바닷가에 고래 수십 마리가 떼지어 몰려와서 죽었다는 소식인데, 호주에서는 해마다 이런 일이 일어난다고 합니다. 정말 이상한 일이죠? 우리 주변에는 이것 말고도 놀라운 사건이나 현상이 종종 일어납니다. 그러면 우리는 모두 너무너무 궁금해 하죠. 도대체 어떻게 해서 이런 일이 벌어졌을까 하고요. 더 예를 들어 볼까요?

공룡 멸종의 원인에 대한 몇 가지 가설

여러분, 한때 이 지구가 공룡들의 세계였다는 거 잘 알지요? 그런데 그 많던 공룡들은 다 어디로 갔을까요? 어떻게 싹 다 사라진 걸까요? 생각할수록 놀라운 일이지요? 여러분처럼 과학자들도 그것이 너무 이상하고 놀랍고 궁금했어요. 그런데 이렇게 놀라운 일을 보았을 때 여러분 머릿속에서는 어떤 일이 벌어지나요? 한번 잘 생각해 보세요.

예를 들어서 한 번도 결석을 하지 않던 친구가 학교에 오지 않았다고 해봐요. 그럼, 여러 가지 추측을 하겠지요. '어디가 아픈가?', '무슨 사고라도 당했나?', '집에 무슨 일이 생겼나?' 등등. 이밖에도 뜻밖의 일이 생기면, 우리

머리는 저절로 여러 가지 추측을 하게 됩니다. '아마 이런 게 원인이 아닐까?' 하고요.

공룡 멸종에 대해서도 과학자들은 여러 가지 추측을 했어요. '혹시 갑작스런 기후변화 때문이 아니었을까? 그래서 먹이가 사라진 게 멸종의 원인이 아니었을까?' 또 '공룡들의 숫자가 급격히 늘어나서 먹이가 부족해진 게 멸종의 원인이 아닐까? 아니면 새롭게 등장한 작은 포유동물이 공룡의 알을 훔쳐 먹었기 때문이 아닐까?' 등등. 과학자들은 모든 가능성을 열어 놓고 별별 추측을 다 해봤어요.

그렇지만 만족할 만한 결과를 얻지 못했습니다. 그러다가 어떤 과학자가 공룡이 멸종되었을 때쯤 거대한 운석이 지구와 충돌했다는 사실을 알아냈어요. 그래서 이 과학자는 "운석 충돌로 인해 공룡이 멸종하게 되었다."는 가설을 세웠지요. 현재는 여러 가지 증거로 봐서 이 '운석 충돌 가설'이 공룡 멸종을 설명할 수 있는 가장 유력한 가설로 인정받고 있지요.

많은 어린이들이 실험과 관찰이 과학에서 얼마나 중요한 활동인지는 잘 알고 있지요? 그런데 과학자들이 열심히 실험하고 관찰하는 목적이 무엇이냐고 물으면 대답을 못하는 경우가 많아요. 지금 여러분한테 묻는다면? 그렇죠. 과학자들은 자신이 세운 가설이 맞는지 틀리는지를 확인해 보기 위해 실험을 하고 관찰을 합니다. 가설의 참, 거짓을 확인해 보는 것. 바로 이것이 과학자들이 실험하고 관찰하는 목적이지요.

가설을 세운 뒤에는 '참'인지를 꼭 확인

여기서 다시 고래 집단죽음 사건으로 돌아가 봅시다. 고래들이 집단으로 바닷가에 몰려와서 죽었다? 이건 누가 봐도 놀라운 사건이지요. 과학자가 아닌 보통 사람들도 여러 가지 추측을 할 것이고, 과학자들 역시 자신이 알고 있는 모든 지식을 끌어 모아서 다양한 가설들을 세울 것입니다. 여기서 이야기 속에 나왔던 가설들을 다시 한번 살펴봅시다.

1. 고래들이 대형 선박에서 유출된 기름을 먹고 알 수 없는 질병에 걸렸을 수 있다.
2. 먹이를 찾아왔다가 우두머리가 방향을 잃고 죽게 되니까, 뒤따르던 나머지도 함께 죽게 된 것일지 모른다.
3. 집단 내부에 권력다툼이 일어나서 그렇게 되었을 가능성이 있다.
4. 스트레스로 인한 우발적인 집단자살로 추정된다.
5. 잠수함, 군함, 대형 선박에서 나오는 소음이 고래들의 방향감각을 잃게 만든 것이 원인이라고 추측된다.

그런데 과학자들이 세운 가설들은 이 다섯 가지 말고도 여러 가지가 있습니다. 여기에는 나오지 않았지만, 어떤 과학자는 '고래들이 기생충에 감염되어서 신경이 파괴되었을지 모른다'는 가설을 제기하기도 했어요. 그러면 여러분에게 또 하나 물어 볼게요. 이렇게 세운 가설 가운데 하나는 반드시 참일까요?

좀 전에 얘기한 공룡 멸종에 대해 생각해 보면 쉽게 대답할 수 있을 것입니다. 운석 충돌 가설은 한참 나중에 나온 가설이에요. 처음에는 이런 가설을 생각한 과학자는 거의 없었어요. 그렇다면? 그래요. 고래 집단죽음 사건도 지금까지 등장하지 않은 또 다른 가설이 '참'으로 드러날 가능성이 얼마든지 있답니다.

입증이 안된 가설은 추측일 뿐

이제는 김별난 실종사건을 살펴봅시다. 사람들을 웃기는 직업을 가진 사람이 자살을 했다? 이것도 정말 뜻밖의 놀라운 사건입니다. 슬범이를 비롯한 등장인물들도 모두 놀랐지요. 그리고 뉴스에 따르면, 경찰은 납치사건일 수도 있고 자살사건일 수도 있다고 했습니다. 여기서 '사건을 수사하는 형사'와 '놀라운 현상을 알기 쉽게 설명하려는 과학자'를 비교해 봅시다. 어떤 공통점이 있을까요?

우선 형사와 과학자 둘 다 놀라운 사건이나 현상이 발생하면, 진실이 무엇인지, 진짜 원인이 무엇인지를 밝혀 내려고 합니다. 그래서 '아마 진실은 이것일 것이다, 원인은 이것일 것이다' 하고 여러 가지 추측을 합니다. 이렇게 추측한 것을 이야기 속에서 슬범이가 '가설'이라고 불렀던 거 기억나지요?

그런데 가설은 아직 추측일 뿐입니다. 확실한 것이 아니지요. 그런데도 사람들은 누구나 빨리 진실을 알고 싶어하는 습성이 있습니다. 그래서 가설을 뒷받침하는 약간의 실마리만 있으면 "바로 이게 정답이야!" 하고 서둘러 결론을 내리게 됩니다. 충분한 증거를 얻을 때까지 기다리지 못하고요. 그런데 이런 습관은 아주 위험합니다. 왜냐고요? 억울하게 누명을 쓰는 사람이 생길 수도 있기 때문이죠. 그리고 영영 진실이 땅속에 묻혀 버릴 수도 있고요.

그러니까 우리 모두 슬범이한테 배울 점이 있습니다. 현재 나타난 단서들을 잘 활용해서 다양한 가설들을 만들어 내되, 이 가설들 중에 무엇이 참이라고 조급하게 결론을 내리지 않는 태도. 이것이야말로 명탐정, 명과학자들한테서 우리들이 배워야 할 멋진 장점이라는 것, 잊지 맙시다.

생각해 보기

1 가끔 범죄를 저지르지 않은 사람들이 억울하게 누명을 쓰는 경우가 있습니다. 왜 그렇게 되는 걸까요?

2 다음 친구가 한 생각 속에서 가설은 어떤 것일까요?

- 어라? 어제 산 CD플레이어가 작동이 안 되네. 웬일이지? 혹시 건전지가 다된 걸까?
- 뭐? 동철이가 결석을 했다고? 무슨 일이지? 걔는 지금까지 단 한 번도 지각이나 결석을 한 적이 없는데. 이상하다, 혹시 병이 났나?
- '슬범이랑 진아가 사랑에 빠졌다.' 아니, 어떤 녀석이 화장실 벽에 이런 낙서를. 이건 보나마나 명석이 그 녀석 짓이야!

3 과학자들은 놀라운 현상이 나타나면 여러 가지 가설을 만들어 냅니다. 그런데 과학자들만 그런 것이 아니라 우리도 마찬가지입니다. 여러분이 다음과 같은 것을 관찰했다고 해봐요. 어떤 가설을 만들어 낼 수 있을까요?

- 이상해. 남자는 아기한테 젖을 먹이지도 않는데, 왜 젖꼭지가 있을까?
- 텔레비전에서 분명히 봤는데, 어떤 사람이 물 위를 뚜벅뚜벅 걸어갔다.
- 마술쇼에서 봤는데, 누워 있는 사람한테 주문을 외웠더니 둥둥 떠올랐다.
- 새끼오리들이 자전거의 뒤를 어미라도 되는 것처럼 졸졸 따라다닌다. 그리고 어떤 새끼오리들은 개나 돼지의 뒤를 졸졸 따라다니기도 한다.

4 훌륭한 과학자가 되려면 수학도 잘해야 하지만 상상력도 풍부해야 한다고 합니다. 왜 그럴까요?

10. 아직 결론을 내리기는 일러!

진범이 아닌 사람이 누명을 쓰는 경우가 간혹 있습니다. 마찬가지로 과학자들의 가설이 틀리는 경우도 종종 있지요. 왜 그럴까요?

내 추측이 딱 맞았어! — 원인 찾기 2

명석이가 교실에 들어서자마자 슬범이한테로 달려왔다. 뭔가 급히 할 얘기가 있는 게 틀림없다.

"야, 드디어 알았다! 지난번 그 고래 집단죽음 사건 있잖아. 자살한 게 아냐! 잠수함에서 나오는 강한 초음파 때문에 고래들의 운동신경과 방향감각이 파괴되어서 그랬던 거야."

"또 그 소리! 그건 아직 가설일 뿐이라니까."

"가설이 아니야! 과학자들이 수족관에 있는 돌고래들을 가지고 직접 실험해 봤대! 수족관 속의 돌고래들한테 잠수함에서 나오는 강력한 초음파를 발사했더니, 너 어떻게 되었는지 알아? 그 돌고래들이 평소에는 안 그랬는데, 막 우왕좌왕하고 난리를 쳤대. 발작도 하고. 어때? 이만하면 확실하지?"

"정말? 그랬구나……."

명석이의 당당함에 슬범이는 왠지 모르게 주눅이 들었다.

저녁을 먹은 뒤 슬범이는 아빠와 함께 줄넘기를 하러 아파트 앞 놀이터로 나갔다. 한 이십 분쯤 줄넘기를 하고 나서 슬범이랑 아빠는 함께 의자에 앉아 잠시 쉬었다. 그때 두 사람이 앉아 있는 앞으로 경찰차 한 대가 지나갔다. 경찰차가 김별난의 집 쪽으로 가는지 살피다가 슬범이가 물었다.

"아빠, 납치사건일 가능성이 크죠?"

"글쎄다. 경찰이 조사 중이니까 두고 봐야지."

"경찰에서는 지금 납치할 만한 사람이 있나 조사 중이겠죠?"

"그렇겠지."

슬범이는 경찰이 하는 일이 참 힘들겠다는 생각이 들었다. 얼마 전까지만 해도 슬범이의 장래희망은 경찰관이었다.

'나는 좀 게으른 편이야. 경찰관보다는 과학자가 되는 게 나을 것 같아.'

잠시 이런 생각을 하다가 슬범이는 아빠께 학교에서 있었던 일을 말씀드렸다.

"참! 아빠, 오늘 명석이한테 들었는데요. 고래 집단죽음 사건 있잖아요. 그게 잠수함 초음파 때문이라는 게 실험을 통해 밝혀졌대요."

"그래? 어떻게 실험을 했지?"

"수족관에서 기르는 돌고래들한테 잠수함에서 발사되는 초음파를 똑같이 발사했대요. 그랬더니 돌고래들이 막 날뛰고 발작을 일으켰대요."

"음……, 그랬구나."

"그러니까 그 가설이 참이라는 것이 확실하게 드러난 거죠."

"그런데 슬범아, 너 조심할 것이 하나 있어. 뭐냐면, 예를 들 테니까 잘 들어 봐. 네가 고래가 집단으로 죽은 사건의 원인을 밝히려는 과학자야. 그래서 너는 현장을 잘 조사해 본 다음, 네가 알고 있는 지식들을 모두 활용해서 이런 가설을 세웠어. '아무래도 이건 잠수함이 발사하는 초음파가 고래들끼리 주고받는 초음파 신호를 교란시켜서 일어났을 것이다' 이렇게. 자,

그 다음에 너는 무엇을 할 거지?"

"그 가설이 참인지 거짓인지 실험을 해봐야죠."

"맞아. 그래서 넌 이 가설이 맞는지 틀리는지 실험을 해보기로 했어. 그래서 이렇게 예측해 봤어. 만약 나의 가설이 참이라면, 수족관에 있는 돌고래들에게 잠수함에서 발사되는 초음파를 발사하면 돌고래들이 우왕좌왕하는 모습이 관찰될 것이다. 그래서 직접 수족관에 있는 돌고래들을 가지고 실험을 해봤어. 정말 그런지 아닌지 관찰하기 위해서 말이야. 그래서 잠수함에서 발사되는 것과 똑같은 초음파를 발사해 봤어. 그랬더니 뭐야! 정말

돌고래들이 우왕좌왕 갈피를 못 잡고 헤매는 모습이 관찰됐어! 네가 예상했던 그대로. 자, 그럼 너는 이제 어떤 결론을 내릴래?"

"그럼, 소리쳐야죠. 와, 내 가설이 맞았구나! 역시 난 천재야! 이렇게요."

"하하, 그럴까? 슬범아, 우리 김별난 사건 얘기로 돌아가 보자. 네가 형사야. 너는 김별난이 스스로 자살을 시도한 것 같다고 추측했어. 그러니까 가설을 세워 본 거지. 그래서 과연 네 짐작이 맞는지 확인해 보기로 했어. 그래서 이렇게 예측을 했지. '만약 김별난이 자살을 시도한 것이 참이라면, 김별난의 유서가 발견될 것이다.' 그리고 조사해 봤더니, 정말로 유서가 발견되었어! 그럼, 이제 자살시도 사건이 확실하다고 결론을 내려도 되는 걸까?"

"아뇨! 그건 아니죠. 유서가 다른 사람이 쓴 것일 수도 있죠. 또 유서를 썼다고 누구나 다 자살하나요, 뭐."

"맞아! 바로 그거야! 그리고 이번 기회에 말해 두는데, 실제로 이 아빠도 유서를 써 놓았거든. 만약을 모르니까."

그때 전화벨이 울렸다. 엄마가 명석이라면서 슬범이한테 전화기를 건네 주셨다. 명석이는 잔뜩 들뜬 음성으로 자기가 수집한 정보를 전했다.

"슬범아 너, 내 말 잘 들어. 방금 인터넷에서 본 기사인데, 김별난의 유서 있잖아. 그게 사라지던 날 쓴 것이 아니래! 경찰이 밝혀 낸 사실인데, 2년 전 무명 개그맨일 때 써 둔 거래. 그러니까 자살을 시도한 것이 아니라는 거지. 보나마나 이건 납치사건이야, 납치사건!

가설과 예측

김별난 사건이 어떻게 결론이 날지 궁금하죠? 그리고 고래 집단죽음의 진짜 원인이 무엇인지 정말 궁금하고요. 그런데, 이렇게 모든 일에 '왜 그럴까?'라는 궁금증을 품고 질문을 던져 보는 것은 아주 중요합니다. 오늘날 여러분이 배우는 지식들이 다 누군가 이런 궁금증을 품고 열심히 탐구해서 얻어 낸 것들이거든요.

누구나 궁금한 것이 있으면 빨리 그 궁금증이 풀리길 원합니다. 예를 들어 보죠. 친구가 여러분한테 수수께끼 문제를 냈어요. 그런데 아무리 생각해 봐도 알쏭달쏭할 뿐 해답을 모르겠어요. 그래서 친구한테 답을 물었는데, 이 친구가 이렇게 얘기했습니다.

"내일까지 생각해 봐. 그래도 모르겠다면 그때 가르쳐 줄게."

으아! 이럴 때 어떤 기분이 들까요? 정말 짜증이 마구마구 나겠지요. 보나마나 여러분은 내일까지 못 기다릴 거예요.

조급한 마음은 불확실한 것도 믿게 한다

강한 궁금증은 꼭 필요한 것이지만, 이렇게 우리한테 조급한 마음을 갖게 만들기도 해요. 그래서 문제가 생깁니다. 뭐냐 하면, 아직 확실하지 않은 것도 함부로 믿게 만들 수 있다는 것이지요. 우리 다시 이야기로 돌아가 봅시다. 명석이가 한 말 기억나죠? 대충 정리하면 이렇지요.

"과학자들이 수족관에 있는 돌고래들을 가지고 실험을 해봤대. 잠수함에서 나오는 강력한 초음파를 발사해 봤더니 정말 막 우왕좌왕하고 난리를 쳤대. 그러니까 잠수함에서 발사되는 강력한 초음파가 원인이라는 그 가설이 참인 것으로 드러난 거야."

어때요? 여러분도 이렇게 실험을 통해서 예상했던 대로 관찰이 되면, "와, 이 가설은 이제 참인 게 증명되었다!" 이렇게 결론을 내리고 싶겠지요? 그런데 과연 그럴까요? 좀 더 의심해 봐야 하지 않을까요? 선생님은 아직 의심스러워요. 왜냐고요? 한번 따져 봅시다.

아까 실험에서 돌고래들이 막 우왕좌왕하고 난리를 치거나, 발작을 일으키는 게 관찰되었다고 했어요. 그런데 돌고래들이 이런 모습을 보이는 것이 반드시 잠수함에서 발사되는 것과 같은 강력한 초음파를 발사했을 때만 그럴까요? 예를 들어 집단으로 죽었던 고래들처럼 수족관에 있던 돌고래들도 어떤 알 수 없는 기생충이 뇌에 있다고 해봐요. 그래서 운동신경이 기생충 때문에 파괴되었다고 합시다. 그렇다면 이 기생충 때문에 고래들이 비슷한 증세를 나타낼 수도 있지 않겠어요? 다시 말해서, 진짜 원인은 뇌에 침투한 기생충 때문일지도 모른다는 거죠.

그밖에 다른 원인도 상상해 볼 수 있어요. 고래들이 집단으로 먹은 알 수 없는 무엇인가가 마치 식중독에 걸렸을 때처럼 발작을 일으켰을지도 모르지요. 그리고 또…… 예, 여기서 그만할게요. 선생님이 말하고 싶은 것은 그 실험에서 관찰된 것만 가지고 '잠수함 초음파 원인 가설'이 확실하게 참이라고 결론을 내리긴 어렵다는 거예요. 다른 원인에서도 고래들이 비슷한 증세를 나타낼지도 모르기 때문이지요.

'참'이라고 쉽게 믿는 것은 위험

여기서 슬범이 아빠가 강조한 말을 떠올려 봐요.

"어떤 가설이 참인지 거짓인지 알아내기 위해서는 확인 실험을 해야 해. 그런데 실험을 하기 전에 먼저 꼭 이런 질문을 던져 봐야 해. '만약 이 가설이 참이면, 어떤 것이 관찰될까?' 반드시 먼저 이런 질문을 던져 본 다음에, 정말 그런 것이 관찰되는지 관찰되지 않는지를 알아보기 위해서 실험을 하는 거야. 그냥 실험부터 하는 게 아니고."

자, 이 말 다음에 슬범이 아빠가 또 어떤 말을 했죠?

"실험을 해서 예측했던 것이 관찰되었다고 해. 그렇다면 그 가설은 이제 확실히 참이라고 결론을 내려도 될까?"

이 질문에 대해 어떻게 생각하나요? 이미 앞에서 얘기한 것처럼 반드시 참이라고 믿는 것은 위험합니다. 여기서는 또 다른 예들을 들어 가면서 함께 따져 봅시다. 여러분은 다음 친구들의 추리에 대해서 어떻게 생각하나요?

만약 이게 옆집 개 맹팔이의 똥인 게 참이라면, 똥이 아주 굵을 것이다. (전제 1)
자세히 관찰해 보니 똥이 아주 굵다. (전제 2)
따라서 옆집 개 맹팔이의 똥이 분명하다. (결론)

어때요? 이렇게 추리하면 큰일나겠죠? 왜냐하면 맹팔이 말고도 똥이 굵은 개가 또 있을지도 모르니까요. 하나 더 볼까요?

만약 내가 다리 밑에서 주워 온 아이라는 게 참이면, 엄마는 날 야단칠 것이다. (전제 1)
엄마는 나를 야단치셨다! (전제 2)

따라서 난 다리 밑에서 주워 온 게 분명하다. (결론)

어때요? 아주 웃기지요? 엄마가 나를 야단치신 이유가 꼭 주워 온 아이라서 그렇다고 믿어선 안 되겠지요. 그런데 여기서 잠깐 위에 나온 두 가지 엉터리 추리의 공통점을 찾아봅시다. 잘 보면 이런 형식으로 되어 있습니다.

만약 X가 참이면, ~할 것이다. (전제 1)
~했다. (전제 2)
따라서 X는 참이다. (결론)

맞지요? 다시 한 번 잘 살펴보세요. 그런데 이런 형식으로 추리를 할 때는 아주 조심해야 해요. 운이 좋으면 맞을 때도 있지만, 틀릴 때도 많거든요. 반드시 참이 되지는 않는다는 거죠. 하나 더!

만약 김별난이 자살을 시도한 게 참이면, 김별난의 자필유서가 발견될 것이다. (전제 1)
김별난의 자필유서가 발견되었다. (전제 2)
따라서 김별난은 자살을 시도한 게 참이다. (결론)

이것은 어떤가요? 그래요. 아주 위험한 추리지요. 유서를 써 둔 사람들이 다 자살한다고요? 말도 안 되지요. 이 정도면 알겠지요? "만약 X가 참이면, ~가 관찰될 것이다. ~가 관찰되었다. 따라서 X는 참이다." 이렇게 추리하면 종종 틀릴 때가 있다는 거. 그런데 우리는 이런 식으로 추리로 결론을 내릴 때가 많습니다. 심지어 범죄 수사관들이나 과학자들도 이런 식으로 추리해서 결론을 내려서 틀릴 때가 있어요. 아주 조심해야 되겠죠?

1 다음 두 친구의 추리에 문제가 없는지 찾아봅시다. 그리고 혹시 문제가 있다면 왜 그런지 설명해 보세요.

> 돌쇠: 만약 김별난이 납치당한 게 참이면, 김별난의 주위에 김별난과 다툰 사람이 있을 것이다. 수사를 해봤더니 김별난과 다툰 사람이 있다. 따라서 김별난은 납치당한 게 맞다.
>
> 떡보: 만약 '고래들이 기생충에 감염되어서 뇌신경이 파괴된 게 원인이 되어서 집단으로 죽었다'는 가설이 참이라면, 고래들의 뇌에서 기생충이 발견될 것이다. 고래들의 뇌를 해부해 봤더니, 예상했던 대로 기생충이 있었다. 따라서 이 가설은 참이다.

2 어떤 과학자가 자신이 생각한 가설이 맞는지 틀리는지 알아보기 위해 실험을 했어요. 그랬더니 자신이 예측했던 그대로 관찰되었습니다. 그러면 이제 이 과학자가 만들어 낸 가설은 틀림없이 '참'이라고 결론을 내려도 될까요?

3 과학자들이 실험을 할 때는 어떤 목적으로 실험을 할까요? 그리고 실험을 하기 전에 반드시 어떤 질문을 던져 봐야 할까요?

4 아래 사람들한테 어떤 충고를 해주면 좋을까요?

> 탐정 1: 나는 용의자를 찾아내는 게 좋아. 나는 육감이 뛰어나거든.
> 탐정 2: 나는 증거를 수집하는 게 좋아. 나는 계속 증거만 찾아낼 거야.

> 과학자 1: 나는 가설을 잘 만들어. 나는 멋진 가설을 만들어서 나중에 노벨 상을 타고 말거야.
> 과학자 2 : 나는 실험하는 게 좋아. 나는 계속 실험만 해서 나중에 노벨 상을 탈 거야.

11. 결정적 증거

진짜 명탐정은 어떤 탐정일까요? 명탐정과 뛰어난 과학자의 공통점은 무엇일까요?

탐정의 수첩을 공개하다!

다음은 어떤 탐정의 수첩에 적힌 사건 기록입니다. 잘 읽어 보고 김별난 실종사건을 해결할 확실한 증거가 있는지 알아봅시다.

명탐정의 조건—원인 찾기 3

오늘도 학교는 김별난 실종사건으로 시끌시끌했다. 무엇보다 명석이 목소리가 가장 컸다.

"그 시간에 반바지 차림으로 나갔다는 얘기 들었지, 너희들? 그게 뭘 말하겠어. 평소에 아주 잘 알고 지내던 사람을 만나러 간 거지. 그러니까 이건 김별난 주변의 어떤 인물이 저지른 납치사건이야. 틀림없어."

아이들은 모두 명석이의 추리에 공감한다는 듯 고개를 끄덕였다. 아이들의 반응에 명석이는 더 신이 나서 목소리를 높였다.

"게다가 발견된 유서도 실종 직전에 쓴 게 아니래. 오래 전에 무명 개그맨 시절에 써 둔 거래. 방송에서 뜨지 못했을 때 죽고 싶어서 썼다는 거야. 이번에 자살하려고 쓴 것이 아니고. 그럼 이제 문제는 단 하나, 과연 납치범이 누구일까?"

명석이의 추리에 아이들은 모두 납치사건이라고 확신하는 눈치였다. 그리고 저마다 주워들은 얘기를 들어 나름대로 추측들을 쏟아 냈다.

"라이벌 개그맨이 납치하지 않았을까?"

"아니면 방송사의 프로듀서?"

"내 예감도 비슷해. 이건 보나마나 김별난과 아주 가까운 누군가가 저지른 납치사건이야. 두고 봐. 내 말이 맞을 테니까."

그때 선생님께서 교실에 들어오셨다. 명석이가 이끄는 특별수사팀도 각자 자기 자리로 돌아갔다. 그러나 여기저기 수군대는 소리는 여전히 그치지 않았다.

점심시간에도 아이들의 화제는 김별난 실종사건이었다. 그리고 특별수사팀은 명석이를 수사반장으로 하여, 교실 한쪽 구석에 모여서 계속 회의를 이어갔다. 슬범이는 슬그머니 선생님 책상으로 다가갔다.

"선생님, 쟤네들 무슨 얘기 하는지 아세요?"
"보나마나 실종된 개그맨 그 사람 이야기하는 거겠지."
"맞아요. 그런데 선생님도 그 사람이 납치되었을 거라고 믿으세요?"
"모르겠다. 그런데 너희 아파트에 산다고 했지, 그 사람?"
"네, 맞아요. 근데 선생님, 혹시 인터넷 좀 검색해 보면 안 될까요? 혹시 새로운 소식이 있을지도 모르잖아요."
"녀석, 꽤나 궁금한 모양이구나. 그래, 네가 한번 검색해 봐라."

선생님께서 의자를 뒤로 물리시며 컴퓨터 자판을 슬범이한테 맡기셨다. 슬범이는 속보들을 빠르게 훑어나갔다. 혹시 새롭게 밝혀진 사실들이 없을까 기대하면서. 그때 슬범이의 눈길을 사로잡는 기사가 있었다.

- 김별난 실종 직전에 수차례 소속 연예기획사 사장과 통화 -

슬범이는 재빨리 클릭했다. 그리고 교실 구석에 모여 있던 특별수사팀을 불렀다. 선생님 책상 주위로 초보수사관들이 우루루 몰려왔다.

경찰이 휴대전화 통화 기록을 수사한 바에 의하면, 김별난은 자신이 소속된 연예기획사 사장 박모 씨와 새벽에 실종되기 직전 세 차례에 걸쳐 약 30분간 통화를 했던 것으로 밝혀졌다. 경찰은 현재 박모 씨를 불러 통화내용을 캐묻고 있으며, 박모 씨의 알리바이를 조사하는 중이라고 발표했다.

"거봐. 아까 내가 그랬지? 납치사건이 틀림없다고."
명석이가 우쭐대며 말했다.
"그리고 내가 아는데, 이건 보나마나 계약문제 때문에 생긴 사건이야. 전에도 이런 사건이 많았거든."
어느새 자판은 명석이 차지가 되어 있었다.
"잠깐! 여기 또 이런 기사가 있어. 내가 읽어 볼게."

용의자 박모 사장은 실종 전날 밤에도 김별난과 함께 있었던 것으로 드러났다. 그리고 이 자리에 합석했던 동료 개그맨 최모 씨에 의하면, 두 사람은 계약문제로 욕설을 주고받는 등 심하게 다투었던 것으로 드러났다.

"우와! 명석이 너 진짜 족집게다, 족집게!"
이제 명석이는 완전히 셜록 홈즈가 되었다. 명석이가 명탐정이 된 모습을 지켜보면서 슬범이는 슬그머니 질투심을 느꼈다.
'납치사건일 거라고 짐작했던 것은 내가 먼저였는데, 왜 나는 명석이처럼 과감하게 납치사건이라고 주장하지 못했을까……'
슬범이는 자신이 주저했던 이유가 아빠랑 나누었던 가설과 증거에 대한 이야기 때문이었다고 생각했다. 아빠가 실험이나 조사를 통해서 의심의 여지가 없는 결정적인 증거를 찾을 때까지는 함부로 가설을 '참'이라고 결론 내리면 안 된다고 했기 때문이다.

그날 저녁 슬범이네 가족이 식사하는 자리에서도 화제는 역시 김별난 실종사건이었다. 엄마는 명석이처럼 김별난이 납치를 당했다고 확신하고 계셨다.

"처음에 유서가 발견되었다고 해서 혹시 자살했나 했더니, 그럼 그렇지! 한참 잘 나가는 연예인이 왜 자살을 하겠어. 같은 동에 사는 사람들이 다 그러더라고. 부부가 얼마나 재미나게 살았는데 자살은 무슨 자살이냐고. 그나저나 연예기획사 사장인가 뭔가 하는 사람 자백했는지 모르겠네."

그러나 슬범이 아빠는 조금 신중한 입장이었다.

"아직 더 두고 봐야지, 뭐. 나중에 가서 납치가 아닌 걸로 드러날 수도 있잖아."

슬범이는 흘깃 벽시계를 보았다. 저녁 7시 5분. 텔레비전에서 저녁 뉴스가 이미 시작되었을 시간이다. 슬범이가 얼른 텔레비전을 켰다.

경찰은 현재 유력한 용의자인 연예기획사 사장 박모 씨를 소환해서 이 시간까지 강도 높은 조사를 계속하고 있습니다. 수사 책임자에 따르면, 박모 씨는 사건 전날 개그맨 김 씨와 밤늦게 헤어진 이후 다음날 아침까지 알리바이를 집중 추궁하고 있으며, 박모 씨는 계속 묵비권을 행사하고 있다고 합니다.

뉴스 진행자가 말하는 동안 용의자 박모 씨의 얼굴이 텔레비전 화면에 잠깐 스치고 지나갔다. 얼굴 일부가 모자이크 처리된 모습이었지만 슬범이는 어쩐지 범죄자 같다는 느낌을 받았다.

"아빠, 묵비권을 행사한다는 게 아무 말도 하지 않는 거죠? 그런데 계속 말을 안 하면 어떻게 해요? 빨리 자백을 하게 할 수는 없나요?"

"좀 더 지켜보자. 그리고 저 사람이 범인이 아닐지도 모르잖니? 아빠는 그런 경우를 종종 봤거든."

"........."

"잊지 마! 명탐정한테는 육감도 필요하지만, 진짜 중요한 것은 결정적인 증거를 잡아내는 능력이야. 꼼짝 못할 결정적 증거! 알겠니?"

"아빠, 이제 증거를 잡은 거잖아요. 사건 전날 밤에 계약 문제로 둘이 싸운 것을 본 증인도 있고, 또 김별난 씨가 실종되던 시간에 저 사람이 어디에 있었는지 아무도 보지 못했고. 그럼 되었지, 무슨 증거가 더 필요해요?"

"천만에! 그 정도로는 부족해. 한번 따져 볼까? 살다 보면 다른 사람과 싸우는 일은 종종 있어. 그렇다고 해서 다 상대방을 납치하니? 그건 아니잖아. 또 저 사람이 어디 있었는지 모른다고 해서 반드시 범죄를 저질렀다고 할 수 있니? 다른 곳에 있었지만, 말 못할 사정이 있어서 말을 안 하는지도 몰라."

슬범이는 그날 밤 꿈을 꾸었다. 꿈속에서 슬범이는 힘든 사건들을 척척 해결하는 명탐정이었다. 용의자들의 얼굴만 한번 쓱 보면 누가 진범인지 한눈에 척 알아보는 명탐정. 슬범이 앞에는 수많은 기자들이 앉아 있었다. 사방에서 카메라 플래시가 터지는 가운데 기자들의 질문이 쏟아졌다. 어떻게 범인을 그렇게 쉽게 찾아냈느냐고. 슬범이가 질문에 대답하려는 순간, 어디서 나타났는지 명석이가 슬그머니 얼굴을 내밀었다. 그리고 슬범이를 향했던 카메라들이 일제히 명석이 쪽을 향했다. 그리고 명석이가 질문에 대답하기 시작했다. 슬범이는 경악했다.

"아니, 이게 뭐야! 이봐요! 내 대답 좀 들어 보라고요!"

 들여다보기

가설 확인을 위한 실험

명석이는 척척 추리를 잘 해내는데 슬범이는 너무 신중한 편이지요? 그런데 슬범이는 왜 신중하게 생각하는 걸까요? 그래요. 이야기에서도 나오지만, '가설을 참인지 거짓인지 실험해 보지도 않고 그냥 참이라고 믿는 것은 위험하다'고 슬범이는 믿고 있기 때문입니다.

가설을 그냥 '참'이라고 믿는 것은 위험

선생님이 재미있는 이야기를 하나 해줄 테니까 들어 보세요.

홈즈의 집에서 절도사건이 발생해서 홈즈가 수사에 나섰다. 식탁 위에 놓아둔 치즈 덩어리가 감쪽같이 사라진 것이다. 홈즈가 저녁에 스파게티를 요리할 때 쓰려고 놓아둔 최고급 치즈였다. 홈즈는 너무 화가 났다. 집안에는 홈즈가 가족처럼 여기며 기르는 개와 고양이 둘밖에 없었다. 따라서 용의자는 둘뿐이라고 확신한 홈즈는 두 용의자를 불러 식탁 앞에 앉혔다. 그리고 두 용의자의 표정을 살핀 다음, 철저한 조사에 들어갔다.

먼저 용의자들의 입을 벌려 돋보기로 입속과 치아 사이를 조사했다. 그 다음에는 앞발과 입 주변을 샅샅이 살폈다. 두 용의자 모두에게서 치즈 조각이나 부스러기는 하나도 발견되지 않았다. 그런데 고민하던 홈즈의 눈에 갑자기 식탁 위에 놓인 발자국 몇 개가 눈에 띄었다. 자세히 살펴보니 고양이의 발자국과 크기와 모양이 딱 겹쳤다. 게다가 식탁 위에는 털도 몇 개 발견되었는데, 털의 색깔을 비교해 보니 고양이의 것과 일치했다. 이렇게 두 가지를 증거로 해서 홈즈는 고양이가 범인이라고 결론을 내렸다. 홈즈는 고양이의 버릇을 고쳐 주리라 결심하고, 벌로 고양이를 하루 종일 지하실에 가둬 두었다.

자, 어떻게 생각하세요? 홈즈가 내린 결론은 틀림없는 참일까요? 저는 아니라고 생각해요. 왜냐하면 식탁 위에 남겨진 발자국과 털이 고양이의 것이라고 해서 반드시 고양이가 치즈를 먹었다고 할 수는 없으니까요. 물론 고양이가 의심을 받는 것은 당연하지요. 그러나 '결정적인' 증거라고 할 수는 없어요. 왜냐하면 고양이가 치즈를 먹지 않고도 그냥 식탁 위에 올라가 있다가 남긴 발자국과 털일 수도 있으니까요. 그리고 처음부터 용의자를 개와 고양이로 한정한 것도 문제지요. 예를 들어서 그 동안 홈즈의 눈에 안 띄게 몰래 숨어 살던 쥐가 한 마리 있었을지도 모르잖아요. 만약 그 쥐가 훔쳤다면 홈즈는 고양이한테 억울한 누명을 씌운 것입니다.

그렇다면 결정적인 증거는 어떤 것일까요? 어떤 증거를 잡았을 때 홈즈가 확실하게 결론을 내릴 수 있었을까요? 선생님은 이렇게 생각해요. 고양이나 개의 배설물을 조사해서 그 안에 치즈 성분이 나왔다, 그러면 그건 결정적인 증거가 될 수 있죠. 치즈를 훔쳐 먹지 않았는데 배설물에서 치즈가 나올 수는 없으니까요. 그래서 만약 내가 이 치즈 도난사건을 담당했다면, 개와 고양이의 배설물을 조사해 봤을 거예요. 물론 냄새는 좀 나겠지만, 그래도 잘못 판단해서 누군가한테 억울한 누명을 씌우면 안 되잖아요. 아무튼 위에 나온 이야기는 명탐정 '셜록 홈즈'가 아니라, '짝퉁 홈즈'의 이야기라고 해두죠.

'결정적인 증거'가 꼭 필요한 이유

여기서 다시 한 번 정리해 보면, '증거', 그 중에서도 '결정적인 증거'란 '어떤 주장이나 가설이 틀림없이 참, 또는 거짓임을 입증해 주는 것'을 말합니다. 예를 하나 더 들어 가면서 생각해 봅시다. 어떤 부자 노인이 젊었을 때 잃어버린 자기의 친아들을 찾는다고 신문에 광고를 냈어요. 광고가 나가고 나서 여기저기서 사람들이 나타나서 자기가 친아들이라고 주장했어요. 자, 그럼 이 중에서 과연 누가 진짜 친아들이고 누가 가짜인지를 확실하게 가려낼 수 있는 방법은 무엇일까요? 다음 세 가지 중에서 한번 골라 보세요.

1. 얼굴 모습이 노인과 가장 많이 닮은 사람이다.
2. 혈액형이 똑같은 사람이다.
3. 목소리가 닮은 사람이다.

셋 다 증거가 될 수 없다고요? 맞아요. 전부 확실한 증거라고 할 수 없어요. 그 이유는 뻔하지요. 얼굴 모습이나 목소리는 우연히 닮을 수도 있고, 또 우연히 닮지 않을 수도 있어요. 그리고 혈액형이 똑같은 사람은 얼마든지 많아요. 따라서 모두 확실한 증거가 될 수 없어요.

그럼, 방법이 전혀 없을까요? 다행히 좋은 방법이 있는데, 그건 유전자 검사 방법이에요. 부모와 자식 간에는 유전자가 일치합니다. 부모 자식 관계가 아닌 데도 우연히 유전자가 일치할 가능성은 거의 없어요. 따라서 유전자 검사를 통해서 얻어진 결과는 '결정적인 증거'가 될 수 있습니다.

이야기 속에서 슬범이는 '결정적인 증거도 없이 어떤 사람을 진범이라고 결론을 내려서는 안 된다'고 믿었어요. 그러나 명석이는 결정적인 증거가 없는 상태에서 납치사건으로 결론을 내렸고요. 그리고 지금 상황으로 봐서는 명석이의 예감이 맞을 것도 같아요. 그래서 슬범이는 지금 후회하고 있나 봐요. '사실 나도 납치사건일 거라는 예감이 들었는데. 에이, 나도 내 예감대로 납치사건이라고 말해 버릴걸. 괜히 머뭇대다가 명석이한테 선수를 뺏겼어' 하면서요.

여러분은 슬범이와 명석이 둘 중에서 나중에 명탐정이 될 소질이 누가 더 많다고 생각하나요? 선생님은 슬범이라고 생각해요. 왜냐고요? 범인을 빨리 잡아내는 것도 중요하지만, 진짜 명탐정은 비록 시간이 걸리더라도 오로지 진범만을 잡아내야 하니까요. 명석이처럼 짐작, 추측, 예감, 직감만으로 결론을 내리다가 보면 진범이 아닌 사람을 진범으로 몰아서 누명을 씌울 수 있으니까요. 물론 운좋게 범인을 빨리 잡을 수도 있지만요.

여러분, 영화나 소설, 만화에 주인공으로 나오는 탐정들은 어떤가요? 그래요. 마지 점쟁이라도 되는 섯처럼 척척 범인을 잡아내시요. 주인공이 의심하는 용의자들이 나중에 가면 백발백중 진범으로 드러나지요. 특히 셜록 홈즈 이야기를 읽어 보면 더 그렇습니다. 그런데 실제로도 그럴까요? 그건 주인공을 특별한 사람으로 만들어서 흥미를 돋우기 위한 것이지, 실제로는 그렇지 않아요. 진정한 명탐정은 자신의 짐작이 틀릴지도 모른다는 것을 늘 명심하고 증거, 그 중에서도 결정적인 증거를 잡아내려고 노력합니다.

 생각해 보기

1 여러분이 저지른 잘못이 아닌데 여러분이 의심을 받은 경험이 있나요? 또는 여러분이 누군가를 의심했는데 나중에 가서 틀린 것으로 나타나서 미안하게 느낀 적이 있나요?

2 여러분에게 쌍둥이 형제가 있었는데, 어떤 일로 갓난아기일 때 헤어졌다고 해봐요. 그래서 신문에 잃어버린 쌍둥이 형제를 찾는 광고를 냈어요. 그런데 열 명이 나타나서 자신이 쌍둥이 형제라고 주장했다고 합시다. 누가 진짜 여러분의 쌍둥이 형제인지를 가려낼 수 있는 결정적인 증거를 어떻게 하면 얻을 수 있을까요?

3 '용한 점쟁이'와 '명탐정'의 차이는 무엇일까요? 또 '뛰어난 과학자'와 '명탐정'의 공통점은 무엇일까요?

4 "열 명의 범인을 놓치는 한이 있어도 한 명의 억울한 사람을 만들어선 안 된다." 이 말에 동의하나요? 아니면 "한 명의 억울한 사람이 있더라도 열 명의 범인을 빨리 잡는 것이 더 중요하다"는 말에 동의하나요?

Mars
Luke's Comet
Merkur
Venus
Erde
Mond
Ceres
Vesta
Juno
Pallas

과학자는 점쟁이가 아니야—원인 찾기 4

개그맨 김별난 사건을 둘러싸고 이제 슬범이네 반 아이들이 궁금해 하는 문제는 '과연 납치된 김별난이 죽었느냐, 아니면 아직 살아 있느냐'였다. 그리고 이 문제에 대한 수사반장 명석이의 판단은 간단했다.

"생각해 봐. 왜 용의자가 침묵을 지키겠어? 그건 자기가 진범이고 이미 살해했다는 걸 의미해. 그렇지 않고 어딘가에 감금해 두었다고 해봐. 그럼, 용의자가 자백했을 거야. 이미 일을 저질렀기 때문에 지금 아무 말을 못 하는 거지."

아이들은 명석이의 추리가 옳다는 듯 대부분 고개를 끄덕였다. 슬범이 또한 명석이의 판단이 옳은 것처럼 느껴졌다. 그런 한편으로 아직 결정적 증거도 없는데 명석이가 너무 앞질러 간다는 생각도 들었다.

슬범이는 집에 오는 길에 괜히 우산을 가져왔다는 생각이 들었다. 오늘 아침 엄마가 일기예보에서 오후에 비 온다고 했다며 우산을 들고 가라고 하셨다. 그래서 우산을 들고는 왔지만, 하늘은 조금 흐린 편이긴 해도 비는 내리지 않았다. 슬범이는 우산을 빙글빙글 돌리며 생각했다.

'그래도 우산을 가져온 게 잘한 거야. 생각해 봐. 지금 비가 오지는 않더라도, 아침에는 비 올 확률이 높았잖아. 만약 아침에 비가 올 확률이 높다는 일기예보를 듣고도 우산을 안 가져온 사람이 있다고 해. 그럼, 그 사람이 나보다 더 똑똑한 걸까? 아니야. 그 사람은 그저 재수가 좋았을 뿐이지. 그럴 때는 우산을 들고 온 사람이 더 현명한 거야. 나중에 비가 오든 안 오든 말이야.'

이런 생각을 하자, 귀찮게 여겨지던 우산이 다시 가볍게 느껴졌다. 그런데 갑자기 또 이런 생각도 들었다.

'어? 잠깐! 그래, 맞아. 이번 사건의 진실을 밝히는 데 있어서도 명석이는 그냥 재수가 좋았던 것뿐이야. 왜냐고? 이번 사건은 자살사건인지 납치사건인지 처음부터 불분명했어. 양쪽 다 가능성이 있었어. 아니, 두 가지 가능성 말고도 제3의 가능성도 있었지. 그래서 나는 생각했던 거야. 아빠 말씀처럼 분명한 증거가 나오기 전에는 함부로 결론을 내리지 않는 게 좋다고. 그런데 명석이는 뭐야! 그냥 자기 예감을 밀어붙였어. 그리고 재수가 좋아서 그게 맞아 버렸어. 그러나 명석이 말이 맞았다고 해도 그건 운이 좋았던 거지, 실력은 아니야. 아빠가 진짜 실력 있는 명탐정은 결정적인 증거를 잡을 때까지 결론을 내리지 않는다고 했잖아. 명석이는 그저 운 좋은 점쟁이야! 명탐정이 아니라고.'

슬범이는 하늘을 올려다보았다. 짙은 회색 구름이 하늘 저쪽으로 두둥실 떠가고 있었다. 그런데 구름들이 몰려가는 모습이 무엇인가 닮아 보였다.

'뭔가 닮았는데, 뭘까? 아, 돌고래! 언젠가 제주도에서 봤던 그 돌고래떼를 닮았구나. 돌고래떼들이 헤엄치던 모습, 그 모습이 꼭 저랬어.'

슬범이는 구름바다 속을 헤엄쳐 가는 돌고래떼가 참 아름답다고 느꼈다.

'그런데 그거! 고래들의 떼죽음 사건! 그 사건은 어떻게 된 거지? 고래들이 정말 집단자살을 한 걸까? 그게 아니라면 고래들이 왜 집단으로 해안가에 몰려와서 죽은 걸까? 음……. 지난번에 봤던 그 가설들 모두가 틀렸을 수도 있지 않을까? 충분히 그럴 수 있어. 아직까지 아무도 생각 못한 또 다른 원인이 있을지도 몰라. 그럼! 그렇고말고! 얼마든지 그럴 수 있지. 확실하지 않은 것을 확실한 것처럼 말하는 거는 좋지 않아.'

집에 들어섰을 때 엄마는 어딜 가셨는지 보이지 않았다. 슬범이는 가방을 아무데나 던져 놓고 거실의 컴퓨터를 켰다. 그리고 인터넷에 들어가서 고래의 집단죽음에 대해서 새로운 소식이 있는지 찾아보았다. 별로 특별한 것은 없었지만 맨 밑에 있는 기사 하나가 눈에 들어왔다.

고래들에 대한 초음파 실험 결과, 초음파가 고래들의 신호체계를 교란시키는 것으로 드러나…….

슬범이는 얼른 전체 내용보기를 클릭해 읽어 내려갔다. 어떤 외국 과학자의 연구를 소개한 과학 잡지의 기사였는데, 내용은 대강 이랬다.

수족관에 있는 돌고래들에게 초음파를 발사해서 행동을 관찰했더니 평소와 다르게 행동하는 것이 관찰되었다. 그리고 이런 이상행동들은 강한 스트레스 반응으로 해석된다는 게 동물행동학자들의 판단이다. 따라서 고래의 집단자살이 초음파로 인해 발생했다는 가설이 '참'일 가능성이 높아졌다.

슬범이는 이 글을 읽고 나서 생각했다.

'아냐. 그렇다고 해서 초음파가 원인이라는 가설이 확실히 '참'이라고 할 수는 없어. 초음파가 고래들의 신호체계에 영향을 주는 것은 틀림없다고

쳐. 그렇다고 과연 그것 하나만이 원인이 되어서 그런 일이 벌어진 걸까? 아니야, 또 다른 원인이 있을 수도 있어. 더 두고 봐야 해.'

슬범이는 기사 밑에 자기 생각을 댓글로 달아보기로 했다. 뭐라고 쓸까? 슬범이는 느릿느릿 자판을 두드렸다.

이 정도의 실험만 가지고 초음파 가설이 확실하게 '참'이라고 할 수 있나

요? 다른 원인들이 또 있을지도 모르잖아요. 나는 좀 더 많은 실험들과 조사가 필요하다고 생각해요. 아직 결론을 내리기엔 빠르다고 생각해요.

여기까지 썼을 때였다. 문이 활짝 열리면서 엄마가 들어오셨다. 엄마는 무슨 큰일이라도 생긴 것처럼 허겁지겁 슬범이한테 달려오셨다.

"슬범아! 슬범아! 너 아직 모르지? 아, 글쎄 그 사람! 그 개그맨 있잖아, 살아 돌아왔어! 살아 돌아왔다고! 방금 내가 보고 왔어. 지금 그 사람 아파트 앞에 기자들이 잔뜩 몰려와서 난리다, 난리! 경찰들도 오고."

"네? 정말이요? 그럼 납치되었다가 풀려났나 보죠?"

"아니야, 얘! 납치는 무슨! 나 참, 어이가 없어서. 어떻게 된 거냐면, 김별난이 일주일 뒤에 이사 갈 집에 갔었대. 그것도 새벽에 혼자 불쑥! 근데 전주인이 며칠 전에 이사를 가서 그 집은 비어 있었다는구나. 김별난도 그걸 알고 갔던 거지. 그런데 글쎄, 그만 깜박 하고 그 집 열쇠를 안 가져간 거야. 그래서 담을 넘어 들어갔대. 그리고 집안 구석구석을 들여다보다가 지하실에도 들어가 봤대. 이사 오면 거기를 어떻게 꾸밀까 해서. 그랬는데 글쎄, 어쩌다가 그 지하실 문이 밖에서 잠겨 버렸대. 그러니 뭐야! 꼼짝 못하고 안에 갇혀 버린 거지, 지금까지."

"휴대폰 같은 것도 없었나 보죠?"

"있었는데, 배터리가 다 된 휴대폰을 갖고 간 거야. 그러니 어떡해! 꼼짝 못하고 안에 갇혀서 며칠 동안 소리만 질러 댔다는구나. 그런데 그 집이 워낙 커서 밖에 지나다니는 사람들이 아무도 못 들은 거지."

"그럴 수가! 그런데 어떻게 빠져나왔대요?"

"전에 살던 주인이 지하실에 잊고 간 물건을 찾으러 오늘 낮에 그 집에 들렀대. 그랬다가 발견한 거야! 어휴, 만약 계속 갇혀 있었어 봐! 그럼, 그 사람 죽었을지도 몰라."

"와아! 아무튼 다행이다, 진짜! 엄마, 그럼 그 사람 지금 집에 있나요?"

"그래. 지금 거기 난리야, 난리! 기자들에, 경찰에, 구급차까지. 지금쯤 방송에 나올 거다. 텔레비전 좀 켜 봐야지."

슬범이는 후다닥 현관으로 뛰어가 운동화를 신었다. 그런 좋은 구경을 놓칠 수는 없었다. 헐레벌떡 달려서 김별난이 사는 아파트 앞까지 단숨에 내달렸다. 과연 엄마 말씀대로였다! 방송 중계차에다 경찰차 그리고 동네 사람들로 아파트 앞은 발디딜 틈이 없었다. 슬범이네 반 친구들도 이미 몇 명 와 있었다. 그리고 명석이도 있었다. 슬범이는 명석이한테 다가갔다. 꼭 해줄 말이 있었기 때문이다.

"거봐. 내가 뭐라 그랬어! 함부로 결론을 내리면 안 된다고 했지? 납치사건인지 아닌지 더 두고 봐야 한다고 했잖아. 생각나?"

그러나 명석이는 슬범이의 말을 듣는 둥 마는 둥 그저 방송차량들만 정신없이 쳐다봤다. 그때 카메라 앞에 서서 어떤 기자가 뭐라고 뭐라고 말하고 있는 모습이 눈에 들어왔다. 순간 명석이랑 슬범이의 시선이 서로 마주쳤다. 둘은 짓궂은 미소를 띠며 그 기자의 등뒤로 다가갔다. 그리고 카메라를 보면서 두 손으로 V자를 만들어서 흔들어 댔다. 어떤 아저씨가 저리 비키라고 마구 손짓을 해댔지만 본체만체하면서.

 들여다보기

과학적 가설, 비과학적 가설

'반전'이라는 말을 들어 보았나요? 추리소설이나 영화에서 처음 진범으로 의심했던 사람이 나중에 가서 진범이 아니고, 전혀 엉뚱한 사람이 진범으로 드러나는 것, 그런 걸 '반전'이라고 하죠. 추리소설에서는 독자들에게 끝까지 긴장감과 흥미를 주기 위해 이렇게 이야기 속에 '반전'이라는 장치를 종종 집어넣지요.

김별난 사건도 일종의 반전이 들어 있네요. 납치사건일 것처럼 진행되다가, 알고 보니! 엉뚱하게도 김별난이 실수로 지하실에 갇혔다가 다행히 구조되어서 살아난 걸로 드러났어요. 근데 좀 싱거웠죠? 미안해요. 그런데 이렇게 이야기를 끌어간 데에는 그럴 만한 이유가 있답니다. 그건 '과학이란 무엇인가'에 대해서 함께 공부하고 싶어서 그랬던 거예요.

입증이 불가능한 가설이 있다면

범죄가 발생하면 우선 탐정들이 의심 가는 용의자들을 골라내듯이, 과학자들은 놀라운 현상들이 있을 때 이 현상들을 쉽게 설명해 주는 가설들을 만들어 낸다고 했지요? 그런데 '가설 세우기'는 과학자가 하는 일의 전부가 아니에요. 탐정들이 자기가 골라낸 용의자들이 진범인지 아닌지를 가려내기 위해서 결정적인 증거를 잡아내려 애쓰듯이, 과학자들도 자신이 생각해 낸 가설이 '참'인지 '거짓'인지를 알아보려고 애씁니다. 그래서 참이면 참이라는 증거, 거짓이면 거짓이라는 증거를 찾아내려고 애씁니다.

그런데 만약 누가 참인지 거짓인지 확인이 불가능한 가설을 주장한다고 해 봅시다. 그게 어떤 가설이냐고요? 예를 들어 보죠. 비행기 한 대가 레이더에서 감쪽같이 사라지는 사건이 벌어졌다고 합시다. 그런데 어떤 사람이 그 비행기가 외계인들에 의해 외계로 납치된 거라는 '외계납치 가설'을 주장했어요. 이 가설에 따르면, 외계인들이 특수한 장치로 이 비행기를 순식간에 흡수해서 자기들 나라로 데려갔다는 것입니다.

그런데 이 가설이 참인지 거짓인지 확인해 볼 수가 있을까요? 잠깐! 먼저 여기서 가설을 확인하려면 어떻게 한다고 했는지 기억해 보세요. 먼저 이런 질문을 던져 보라고 했지요. "만약 이 가설이 참이라면, 무엇이 관찰될까?" 자, 그럼 '만약 외계납치 가설이 참이라면, 무엇이 관찰되어야 할까요?' 먼저 외계인, 그리고 외계인이 사용하는 흡수장치, 이런 것들이 관찰되어야 하겠죠.

그런데 이게 우리들이 관찰할 수 있는 것들인가요? 관찰할 수 없다고요? 왜죠? 외계인이 너무 빠르게 움직이기 때문에? 우리 지구인 중에 누군가 관찰을 하면, 그 지구인마저 즉시 흡수되어 버리기 때문에? 그러면 직접 외계인이 사는 곳으로 찾아가서 확인하면 안 될까요? 지금 과학기술 수준으로는 어렵다고요? 그럼, 결국 이 가설은 참인지 거짓인지 관찰로 확인하기 어렵거나, 현재로서는 확인이 불가능한 가설이 되네요. 그렇죠?

하나 더 예를 들어 볼게요. 철수가 병에 걸렸어요. 그런데 의사들도 그 이름과 원인을 알 수 없는 병이에요. 그런데 어떤 사람이 이런 가설을 내세웠어요. 철수가 얼마 전에 "이 세상에 악마 따위는 없어!" 하고 말을 한 적이 있는데,

> **점쟁이의 예측과 과학자의 예측**
>
> 옛날에 리디아라는 나라가 있었습니다. 이 나라의 임금 크로이소스는 페르시아와 전쟁을 벌이기 전에 점쟁이를 찾아가 황금을 주고 물었습니다. 점쟁이가 말했습니다. "임금님이 페르시아와 전쟁을 한다면, 대제국을 멸망시킬 것입니다."라고. 그런데 크로이소스는 전쟁에서 패해 나라가 망했습니다. 화가 난 크로이소스가 항의하자 그 점쟁이가 말했습니다. "내가 말한 대제국은 바로 당신의 왕국 리디아였습니다." 이렇게 뭐가 뭔지 불분명하게 예언을 한다면 그 예언이 맞는 건지 틀리는 건지 알 수가 없겠지요? 그럼, 과학자의 예측은 어떻게 다를까요?

이 일로 악마한테 잘못 보여서 저런 병에 걸렸다는 '악마 가설'을 주장했어요. 이 가설은 어떤가요? 참인지 거짓인지 확인해 보는 게 가능할까요? 선생님은 불가능하다고 생각해요. 왜냐하면 악마가 하는 짓이 두 눈으로 관찰이 되지 않기 때문이지요. 악마의 모습이 찍힌 사진을 직접 본 적이 있다고요?

물론 저도 가끔 그런 사진 얘기를 들어 본 적이 있어요. 그런데 선생님이 알기에는, 그런 사진에 나타난 모습이 진짜 악마의 모습이라는 결정적인 증거를 댄 사람은 아직 없어요. 혹시 진짜 악마의 모습이라는 분명한 증거를 대는 사람이 있거든 저한테 연락 주세요. 그런데 먼저 스스로 잘 따져 본 다음에 연락하셔야 해요.

지금까지 들었던 예들처럼, 가설은 '참인지 거짓인지 입증이 가능한 가설'과 '입증이 불가능한 가설' 이렇게 둘로 나눌 수 있어요. 그리고 이 두 가지 중에서 과학적인 가설은 '참인지 거짓인지 증거를 통해 입증이 가능한 가설'이어야 해요. 만약에 어떤 가설이 참인지 거짓인지 입증하기 불가능하다면, 그 가설은 과학적인 가설이 아니라는 거죠.

과학적인 가설이란?

그럼, 여기서 연습 삼아 다음 문제들을 한번 풀어 봅시다. 고래의 집단죽음을 둘러싼 가설들 중에서 과학적인 가설, 다시 말해 '참인지 거짓인지 관찰을 통해 입증이 가능한 가설'은 어떤 가설일까요?

1. 고래들이 바다를 지배하는 해신의 분노를 샀기 때문에 집단으로 죽음을 당한 것이다.
2. 바닷속 어딘가에는 외계로 통하는 문이 있는데, 이 문의 근처를 지나가다가 고래의 영혼이 외계로 빨려 들어가고 몸만 도망치다가 이런 일을 당한 것이다.
3. 바닷물에 녹아 있는 오염물질로 뇌신경이 파괴되어서 이런 일이 벌어진 것이다.
4. 이번에 죽은 고래들은 전생에 인간이었는데, 다시 인간이 되고 싶어서 해안가로 왔다가 이런 일을 당했다.

선생님은 3번이 과학적인 가설이라고 생각해요. 그리고 1번, 2번, 4번은 과학적인 가설이 아니라고 봐요. 그 이유는 관찰을 통해 입증이 어렵기 때문입니다. 하나하나 따져 볼까요?

먼저 1번. 이 가설이 참이라면, 해신이 있어야 하겠죠? 그런데 잠수함을 타고 물속으로 들어가서 아무리 찾아봤지만, 해신은 관찰되지 않았다고 해봐요. 그래서 "이 가설은 거짓이다!" 이렇게 말했더니, 누군가 이렇게 대꾸했어요. "해신은 신이기 때문에 사람의 눈에 띄지 않는다. 그러나 우리들의 눈에만 보이지 않을 뿐, 해신은 분명히 존재한다."

자, 그럼 어떻게 되는 거죠? 이 가설은 처음부터 관찰을 통해 '참'인지 '거짓'인지 입증이 불가능한 거잖아요. 해신이 있다고 믿건 안 믿건, 그건 저마다의 자유예요. 그러나 해신처럼 관찰이 불가능한 존재를 끌어다가 가설을 만들면, 처음부터 그 가설은 참, 거짓을 입증할 수 없는 가설이 되고, 따라서 결코 과학적인 가설은 될 수 없지요.

마찬가지 이유에서 2번과 4번도 과학적인 가설이 될 수 없어요. 2번은 '영혼', 4번은 '전생', 이렇게 우리 눈으로 관찰할 수 없는 것들을 끌어들여서 가설을 만들었으니까요. 그렇지만 여러분 주위에는 '신', '영혼', '전생' 등이 있다고 믿는 분들이 많이 있을 겁니다. 그런 믿음을 두고 우리는 종교적인 믿음이라고 말하지요. 그럼 여러분, 이런 종교적인 믿음은 과학적으로 볼 때 거짓이 되는 건가요?

그렇지 않습니다. 이런 믿음의 대상들이 정말 존재하는지, 존재하지 않는지 관찰을 통해서 입증할 수는 없습니다. 따라서 처음부터 '참'인지 '거짓'인지를 과학적으로는 밝혀낼 수가 없어요. 그런데 여기서 조심할 게 있어요. "신과 영혼이 존재하는지 과학적으로 밝혀낼 수 없다."는 말이 곧 "신과 영혼이 존재하지 않는다."는 것을 의미한다고 착각하면 큰일납니다. 생각해 보세요. "저 사람이 진범인지 아닌지 가려낼 증거가 없다."는 말이 "저 사람이 진범이다." 또는 "저 사람이 진범이 아니다."는 말과 같은가요? 진짜 말도 안 되죠.

과학에도 반전이 있다!

여러분은 과학과 추리소설, 둘 중에서 뭐가 더 재미있다고 생각하나요? 아마 대부분은 추리소설이 훨씬 더 재미있다고 대답할 거예요. 그런데 왜 추리소설이 더 재미있다고 생각하는 친구들이 더 많을까요? 아마 앞에서 말한 것처럼 추리소설에는 흥미진진한 '반전'이 많기 때문이라고 대답할 친구들이 많을 거예요. 그런데 여러분, 과학에도 '반전'이 많답니다. 과학에 무슨 반전이 많냐고요?

옛날에 지구가 태양계의 중심에 있고, 태양이 지구의 주위를 돈다고 믿었던 적이 있었어요. 그걸 '천동설'이라고 하지요. 그런데 지금은 어떤가요? 정

반대가 되었잖아요. 지금은 태양을 중심으로 지구가 돈다는 '지동설'이 맞는 걸로 드러났으니까요. 이런 식으로 지금 우리가 배우는 과학 지식들은 '반전'을 거쳐서 얻어낸 것들이 많답니다. 그래서 선생님이 과학에도 추리소설처럼 흥미진진한 '반전'이 많다고 한 거고요.

틀림없이 진범인 줄 알았던 용의자가 명탐정에 의해서 나중에 진범이 아닌 걸로 드러나는 것처럼, 틀림없이 '참'인 줄 알았던 가설이 어떤 과학자에 의해서 나중에 '거짓'으로 드러나는 일이 과학에는 자주 벌어져요. 반대로 절대로 진범이 아닐 줄 알았던 사람이 진범으로 드러나는 것처럼, 말도 안 되는 것 같았던 가설이 실험을 통해서 '참'으로 드러나는 일 또한 과학에서도 종종 일어난답니다.

어때요? 이제 과학에도 '반전'이 있다는 말, 이해가 가지요? 그런데 과학에서 이런 흥미진진한 '반전'이 생기는 까닭은 무엇일까요? 그건 바로 아무 가설이나 다 과학적인 가설이 아니기 때문이에요. 앞에서 공부한 것처럼, 과학적인 가설은 참인지 거짓인지 실험을 통해 가려낼 수 있는 가설이기 때문이에요. 만약에 참인지 거짓인지 입증이 불가능하다면 어떻게 될까요? 그러면 이 가설이 '참'인 것도 같고, '거짓'인 것도 같고 도무지 알 수 없을 거예요. 따라서 실험을 통한 흥미진진한 '반전'도 일어날 수 없겠지요.

생각해 보기

1 참인지 거짓인지 실험을 통해서 밝혀 낼 수 있는 '과학적 가설', 그리고 실험을 통해서 밝혀내기 어려운 '비과학적 가설'의 예를 더 찾아봅시다.

2 '과학 지식'과 '종교적 믿음'의 차이는 무엇일까요? 어떤 과학자들은 종교를 믿고, 어떤 과학자들은 안 믿는 것은 왜일까요? 또 과학자들이 똑같은 과학 지식을 갖고 있으면서도 종교는 서로 다를 수 있는 것은 왜일까요?

3 '천동설'에서 '지동설'로 바뀐 것처럼 과학에서 '반전'이 이루어진 예를 더 들 수 있나요? 잘 모르면 부모님이나 선생님께 여쭤 봅시다.

4 아인슈타인 같은 위대한 과학자의 가설은 앞으로도 영원히 '반전'이 될 가능성은 없을까요? 아니면 언젠가 '반전'이 될 수도 있을까요?

교사와 부모님이 보는 꼭지별 내용

1. 무엇으로 보이나요?

테마	개념에서 관찰로
주제 질문	왜 누구한테는 보이고, 누구한테는 안 보이지?
내용	세상은 눈으로 관찰하는 것이 아니다. 우리는 늘 개념(생각)을 개입시켜서 관찰하고 그 내용을 기술한다. 따라서 동일한 물리적 대상이더라도 어떤 개념 상태(선행학습)를 지녔는가에 따라서 대상은 다르게 관찰된다.

2. 너, 이게 뭔지 알아?

테마	관찰에서 개념으로
주제 질문	내가 만약 아무도 못 본 것을 보게 된다면?
내용	경험은 우리들의 개념이 형성되는 데에 필요조건이다. 특히 물리적 대상들이 감각적 자극을 통해 우리들의 마음에 남기는 흔적(인상)들은 개념의 내용을 형성해 준다. 우리는 인상들을 점차로 추상화시켜 가면서 개념들을 형성해 간다. 감각적 자극이 없는 개념은 공허하다.

3. 머릿속을 들여다볼 수 있을까?

테마	개념의 사다리, 개념의 그물
주제 질문	낱말들은 서로 어떤 관계를 맺고 있을까?
내용	개념들은 서로 유종 관계, 부분-전체 관계로 연결되어 있다.

4. 포유동물은 없다?

테마	개념의 탄생과 죽음
주제 질문	왜 똑같은 세상을 옛날과 지금은 다르게 보는 걸까?
내용	새로운 것이 관찰되면 우리는 깊은 인상을 받게 되고 반복적으로 관찰될 경우에는 그에 대한 개념이 형성되고 그에 맞는 이름이 생긴다. 그런가 하면 개념들은 이론과 결부되어 있다. 이론들이 바뀌면 그와 결부된 개념들도 함께 바뀌거나 사라진다.

5. 모든 백조는 정말 다 하얄까?

테마	귀납추리 연습
주제 질문	모든 백조는 정말 다 하얄까?
내용	귀납에 의해 내리는 결론들은 필연적인 참이 아니라 개연적인 참에 불과하다. 언제라도 다른 경험에 의해 반박당할 수 있다. 귀납에 의한 결론이 이렇게 위험한 데도 불구하고 우리는 귀납에 의해 결론을 유도하지 않을 수 없다. 귀납적 비약은 실천적 측면에서 그 정당성을 획득하기 때문이다.

6. 모든 사건에는 원인이 있다?

테마	원인과 결과
주제 질문	원인을 밝혀내려면 어떻게 하면 될까?
내용	밀은 어떤 현상의 원인을 추정해 내는 방법으로 일치법, 차이법, 일치차이병용법 등 여러 가지 방법들에 대해 연구했다. 이러한 방법들은 지금도 널리 사용되고 있다. 그런데 이 방법들에는 일정한 전제 하에서만 원인을 추정해 낸다. 따라서 주의가 요망된다.

7. 너, 그 말 취소해!

테마	연역추리 연습
주제 질문	틀렸다는 것을 꼼짝없이 인정하게 만드는 방법은 없을까?
내용	삼단논법을 배우는 이유는 전제와 결론 사이에 필연적 참을 보존하기 위함(연역적 타당성)에 있다기보다는, 타당한 추리의 경우 '전제의 참을 긍정하면서 결론의 참을 부정하면 모순에 빠진다'는 점을 활용해서 비판의 정당성을 확보하는 데에 있다.

8. 어떤 비유가 더 좋을까?

테마	유비추리 연습
주제 질문	어렵고 복잡한 것을 쉽게 말할 수 있는 방법은 없을까?
내용	유비추리는 인간의 창의성을 논리적으로 설명할 수 있는 가능성을 지니고 있다. 인간의 마음은 가히 유비 제조 공장이라고 할 만하다. 우리는 끊임없이 유비를 만들어 내고 유비를 활용해서 의사소통을 하고 있다. 그런데 적절한 유비가 되려면 어떤 조건을 만족시켜야 하는 걸까?

9. 가설이란 무엇일까?

테마	지식은 가설에서 시작한다.
주제 질문	놀라운 것을 볼 때 우리 머릿속에서는 어떤 일이 벌어질까?
내용	지식은 관찰에서부터 시작한다기보다는 가설에서 시작한다는 '가설주의'가 요즘의 과학철학의 대세이다. 관찰을 지식의 단초로 보는 과학교과서의 패러다임을 바꿀 시점이다. 과학적 지식의 출발을 '놀라움과 궁금증'에서 비롯된 가설 제기로 보는 시각 전환이 필요하다.

10. 아직 결론을 내리기는 일러!

테마	가설과 예측
주제 질문	만약에 내 짐작이 맞다고 해봐. 그럼 어떤 것이 관찰되어야 하지?
내용	가설의 제기는 자연스런 과정이다. 그런데 스스로 제기한 가설을 그냥 믿어 버리는 것은 과학적 태도가 아니다. 반드시 실험을 해봐야 한다. 그런데 실험은 무조건 하는 게 아니다. 반드시 가설이 참일 경우 어떤 것이 관찰된 것인지를 추리해 본 다음에 실험을 하고 그 예측이 맞았는지를 비교해 보는 것이다. 가설이 참일 경우 예측되는 관찰을 논리적으로 추리하는 것은 실험의 선결과제이다.

11. 결정적 증거

테마	가설과 실험의 설계
주제 질문	과연 내 가설이 맞는지 확인하고 싶으면 어떻게 하면 되지?
내용	실험을 통해 가설의 진위를 검증해 보려 하지 않는다면 과학이라고 할 수 없다. 과학의 인식적 규범의 요체는 바로 가설의 참●거짓을 검증하는 데 필요한 객관적 데이터를 실험을 통해 획득해 낸다는 점에 있다.

12. 과학에도 반전이 있다!

테마	가설의 확인과 반박
주제 질문	노벨상을 탄 과학자들이 하는 말은 다 맞는 걸까?
내용	반증주의자들에 따르면 과학적 이론의 필연적 참을 보증할 수 있는 실험은 없다. 다만 참일 개연성을 보다 강화시켜 나갈 뿐이다. 다시 말해 과학이론은 실험을 통해 반증은 가능하되 확증은 불가능하다. 따라서 아인슈타인의 상대성 이론조차도 아직 반증되지 않은 이론일 뿐이지 그 참을 보증받은 이론은 아니다. 언제고 더 나은 이론에 의해 대체가능한 이론일 따름이다.